中国の伝統法文化

武　樹臣 著／植田信廣 訳

九州大学出版会

武樹臣／劉新審定『中国伝統法律文化鳥瞰』（大象出版社，中国河南省，1997年12月刊）
武樹臣等著『中国伝統法律文化』（北京大学出版社，中国北京市，1994年9月刊）

日本語版への序

　拙著『中国伝統法律文化鳥瞰』の日本語版が九州大学出版会から出版されるにあたり，いま原著者として考えていることを述べておきたい。

　まず，九州大学法学部の植田信廣教授に心から感謝申し上げる。植田先生と私は先生が1989年4月に研究教育のため北京大学を訪れた時以来の友人で，当時から家族ぐるみのおつき合いをしている間柄でもある。その当時，私がちょうど日本の法政大学法学部への留学を間近に控えていたこともあり，我々は中国語と日本語を相互学習することとし，毎週2時間の時間を割いて，互いに言葉の学習に励んだものである。当時から，植田先生は後に私の著作となる『中国伝統法律文化』の原稿に目を通し，「チャンスがあれば，この論稿を日本語に翻訳したい」との意向を私に伝えていた。その年の6月4日，天安門事件が発生し，植田先生は日本に一時帰国したが，11月には再び北京大学に戻り，本来の仕事を継続することになったのであった。あれからあっという間に十数年が過ぎた。この間，植田先生は多忙な毎日のなかで，たゆまず筆をとりつづけ，ついに翻訳作業を完成させた。植田先生は2001年11月，2002年3月の二度にわたり，わざわざ北京を訪れ，翻訳原稿について私と顔をつきあわせて意見交換を行った。本書所出のほとんどすべての古代史料用語について一つ一つ丁寧に原典にあたってその語義を確かめるなど，一点もおろそかにしない植田先生の仕事ぶりに，私は非常に感銘を受けると同時に，自分が本書を書いた時のいい加減さを顧みて慚愧の念に駆られた。もし植田先生のたゆまぬ努力と苦労がなかったなら，拙著が日本で出版されることは絶対にありえなかっただろう。

　次に，本書の成立について少し説明しておきたい。私が中国の伝統法文

化の研究に手を付けたのは1985年のことであるが，その後，私と研究仲間の馬小紅研究員（中国社会科学院法学研究所），李力教授（中国青年政治学院法律系），喬聰啓教授（北京大学法学院），李貴連教授（同）らとの共同申請の結果，「中国伝統法律文化」という研究課題は国家の"七五"（第七次五ヵ年計画）中の哲学社会科学重点研究項目に名を連ねることとなった。その研究成果は，1994年9月北京大学出版社から『中国伝統法律文化』として出版されたが，私はその研究責任者として，大半の章節を分担し，全16章，68万字中，約14章，54万字を執筆した。1995年，北京大学中国伝統文化研究センターが大象出版社の協力を得て，『中国歴史文化知識叢書』を刊行したが，拙著『中国伝統法律文化鳥瞰』（9万余字）も本叢書中の1冊として出版された。『中国伝統法律文化鳥瞰』は『中国伝統法律文化』のダイジェスト版であるが，執筆過程で内容的に新たに書き加えた箇所もある。本書は紙数の制約のため古代について論ずるにとどまり，近現代まで触れることはできなかったものの，私の主要な学問的主張は本書中に充分表現されている。

　第三に，拙著中で用いたいくつかの概念について，あらためて簡単に説明しておきたい。まず，「判例法」と「成文法」という用語についてである。私は中国古代の「判例法」，「成文法」と英米法系における「判例法」や大陸法系における「成文法」とは多くの点で同日に論じられるものではないと考えている。私はただ単に人々になじみ深い用語を借用したにすぎないのである。用語のこのような借用のしかたは，確かに異論を招くに違いないが，それでも私はあえて無理にこなれない造語を行おうとは思わなかった。今日，中国の法学界では依然として大量の「舶来」学術用語が使用されている。中華民国時代の最高法院長・居正先生は『司法党化問題』のなかで「中国はもともと判例法国家であり，英米の制度にそっくりである」と述べている。私の考え方はまさしくこのようなマクロ的な価値判断から導き出されたものである。また，実際，人類の法実践の地域による表れ方の違いは，我々が考えるほどに大きなものだったり，超えられないほどの違

いだったりするわけではない。つぎに時代区分について述べる。「神治・任意法」、「礼治・判例法」、「法治・成文法」、「礼法合治・混合法」などに時代区分（このほか近現代の「国家社会本位・混合法」、「階級本位・政策法」などもある）したのは，一つの時代の最大の特徴を際だたせるためにすぎず，その目的は中国の前近代における法実践活動の歴史的な発展の段階性を明らかにすることにある。つぎに本書の研究方法についてであるが，本書はマクロ的視点からする研究方法を採っており，細部にわたる周到緻密な検討を追求するものではない。中国の国画にたとえれば，いわば「大写意（大づかみ）」の画法のようなもので，細密画的なものではないのである。もちろん，このように言ったからといって，ミクロ的視点からする研究方法をいささかも軽視するわけではない。本来は両者を結合すべきなのである。私は自らにミクロ的視点における研究努力が不足していることや，実証が不十分な多くの論点を提起していることを痛感している。こうした点について，私は各方面の批判に謙虚に耳を傾けようと思う。

　第四に，私自身の学風について少し触れておきたい。私は学生時代，張国華教授のもとで指導を受けたが，張先生は常に私に対して自分なりの個性的な学問の道を切り開くべきこと，および独自性のある新しいものを後人に遺すべきことを教えてくれた。このため，私はつとめて斬新なるものを追求したのである。その結果，新説を唱える論考も何篇か執筆した。たとえば，私の理解によれば，古代の「法（灋）」の字のなかの「去」は弓と矢が分離していることを表しており，弓と矢が一揃いとなっていることを示す「夷」とは反対の意味であるが，これは古代における証拠制度を体現するものである（「『法』の淵源を尋ねて——『法』の古字の形成過程についての法文化的考察」『法政理論（新潟大学）』29-3，1997年参照）。また，私の考えでは古代の「徳」の字中の「臣」の字は「弓で首を縛る」さまを表しており，徳の古字の原義は戦勝者が捕虜を獲得し，「その首を弓で縛って引き立て祭祀に供する」ことを意味していた（「探尋最初的徳——対古徳字形成過程的法文化考察」『法学研究』2001年第1期参照）。また，私は『易・泰』にいう「無平不

陂，無往不復」とは売買交易原則のことだと考えている。「平」は議することと，すなわち契約を意味しており，「陂」は借りることや移動すること，すなわち財物を此方から彼方へと移していくことであり，「往」と「復」は貨物や貨幣の交換による行き来のことである。つまり，文章全体の意味は，売買双方の協議が整わなければ売主は物を引き渡す必要はなく，売主が物を引き渡さなければ買主に代金支払いの義務はないというものである（「易経与我国古代法制（上・下）」『中国法学』1987年第4・5期参照）。さらにまた，私は『左伝』昭公六年所出の「議事以制」を妥当な判例を選んで事案を裁断するとの意味に解釈している。また，私は『荀子・王制』の「有法者以法行，無法者以類挙，聴之尽也」という命題は中国における「混合法」原理を示すものだと理解している。つまり，ここには，裁判に際して成文法があれば成文法によって裁判し，成文法がなければ過去の判例や判例の中に示された原則に照らして裁判する旨述べられているのである。このような方式には，英米法系とも大陸法系とも異なるところがあるが，それらの相違点を逐一列挙することまではここでは行わない。

　他方で，新しい発想を求めるからこそ，ときに主観的な思い付きや憶測が生ずるのも免れがたいところである。ただ，今日の中国の学者，とりわけ大多数の若い学者たちは著作を発表して自説を主張するのに追われて，他人の所説を批判する時間的余裕がないようである。私は拙著がもし日本の学界で批判を受けることができるならば，それこそ素晴らしいことだと考えている。私は1997年4月以来北京市第二中級人民法院副院長の職に異動したが，依然として一人の学者であることに変わりはなく，依然として大学院博士課程学生の募集，指導にあたっており，また引き続き法史学研究にも従事している。そんなわけで，私は本書に対する批判を心から歓迎するものである。もちろん，そうはいっても，職場が異動した関係で，私の主要な精力は民事裁判の仕事に費やさざるをえない。ただし，私は今でも学者固有の，学問に携わる者の目で日頃の裁判活動を観察している。私は，裁判活動において，また裁判官たちの思考過程において，既存の案例

がたしかに特別な機能を果たしていることを喜んで見届けている。教育研究面における案例の機能についても日増しに重視されるようになった。私は今後法史学の分野においても裁判の分野においても，日本の学者や裁判官との交流の機会を得て，そこからたっぷり栄養を摂取したいと思っている。このように言うのは，私が日本の学者が中国法史研究において華々しい成果をあげたことをよく知っているからというばかりではない。それと同時に日本の裁判官，検察官，弁護士たちの卓越した実践が，東西の法の長所を融合させながら，日本法を着実に成熟させていったと評価しているからである。

　最後に，もう一度植田先生に対して，またこの機会を借りて，翻訳の過程で訳稿について多くの有益な意見を頂戴した寺田浩明教授（京都大学），石川英昭教授（鹿児島大学）ならびに拙著出版のためにご苦労いただいた九州大学出版会に対して，心から感謝の意を表したい。本書に対し読者の忌憚のない批判が寄せられることを期待して序の結びとする。

　　2002年3月23日

　　　　　　　　　　　　　　　　　　　　　　北京大学燕北園の寓居にて
　　　　　　　　　　　　　　　　　　　　　　　　　　ウー　シューチェン
　　　　　　　　　　　　　　　　　　　　　　　　武　樹　臣

訳者はしがき

　本書は，古代から近代までの中国の法文化の歴史を通史的に概観した武樹臣著／劉新審定『中国伝統法律文化鳥瞰』（大象出版社〈中国・鄭州市〉，1997年）を日本語訳したものである。ただし，今回の翻訳に際しては，読者の理解に資するため，著者自ら原著に若干の注記を追加するとともに，本文の一部に誤記・誤植箇所を中心とする加除訂正等を加える労をとられたため，本訳書はこの訂正版を底本とした。また，著者の希望により，本書全体の序には原著に付されていた袁行霈・呉同瑞両氏による「総序」および劉新氏による「序言」に替えて，著者自ら新たに執筆した「日本語版への序」をあてることとした。このような事情で，厳密にいえば，本書は原著をそのまま日本語訳したものとはいえないが，修正箇所はごく一部の技術的訂正にとどまり，原著の論旨になんら変更を加えるものとはなっていない。このため，あえて煩雑にわたるのを避けるため，本書中では原著の記述に対する修正箇所ごとに逐一注記を施すことはしなかった。
　ここで著者武樹臣氏の経歴について，年譜風に簡単に紹介しておこう。

1949 年　中国北京市に生まれる。
1968 年　北京工業学院附属高校卒。
1968 年〜1973 年　山西省および四川省の農村に下放され労働に従事。
1973 年〜1975 年　四川省温江地区師範学校に学ぶ。
1975 年〜1978 年　同師範学校で中文教師として教鞭をとる。
1978 年〜1982 年　北京大学法律学系で張国華教授の下に「中国法律思想史」を学ぶ。

1982年～1997年　北京大学法律学系で講師・副教授・教授を歴任しつつ，「中国法律思想史」を中心とする研究・教育に従事。この間，1991年から1年間，訪問研究員として法政大学に滞在し日本法制史の研究を行う。また，1996年，北京大学にて法学博士の学位を取得。
1997年　北京市第二中級人民法院副院長となり，現在にいたる（この間も北京大学教授兼任）。

　見ての通り，中国の多くの「文革世代」の研究者同様，年齢的には比較的遅れて研究者としてのスタートを切った感のある著者であるが，北京大学で研究・教育に携わって以後の同氏の研究業績には目覚ましいものがある。現在までの主要な著書をあげただけでも，本書および『中国伝統法律文化』(北京大学出版社，1994年)，『武樹臣法学文集』(光明日報出版社，1998年)，『中国伝統法律文化辞典』(北京大学出版社，1999年) 等があるほか，学術雑誌等に百篇余に及ぶ論文を公にしている。さらに，著者は中国法学会常務理事，中国法律思想史研究会会長，中国比較法学研究会副会長等を務めるなど，学会活動の面でも，中国法史学界の代表的研究者の一人として，常に学界をリードする存在でありつづけてきたといってもよい。著者はまた，日本の法史学研究者の間でもかなりなじみ深い研究者の一人であるが，これはひとえに著者の比較的豊富な来日学術交流歴と日本の学界との交流に対する熱意の賜物であろう。
　つぎに，本書の翻訳出版までの経緯について簡単に述べることにする。まず最初にことわっておかなければならないのは，訳者が日本法史を専門分野とする者であり，中国法史の研究動向については，日本，中国いずれの学界に関しても，実のところ，おそらく一法史学研究者としての常識レベルの知識に基づく理解しか有していないということである。このように中国法史には門外漢たる訳者が武樹臣氏の著作の翻訳出版を最初に思い立ったのは，訳者が九州大学法学部国際交流基金の援助を得て，在外研究のため北京大学に滞在していた1989年にさかのぼる。当時，武氏は本書の

もととなる大著『中国伝統法律文化』の原稿完成を目前にして，最終段階の原稿執筆に心血を注いでいたが，氏の好意でその草稿を読む機会を得た訳者は，「成文法」，「判例法」，「混合法」という著者独特の司法制度概念を分析枠組みとして古代から近代までの中国法思想史の通史を叙述するという氏独特の構想，およびそこに描かれた内容に強い関心を抱いた。そして，中国法史学界の新たな研究動向を代表する著作として，この書物をぜひ日本の読者にも紹介したい，さらに，そのことを通じて法史学における日中学術交流の一翼を担いたいと考えたのである。

　その後，『中国伝統法律文化』は1994年に北京大学出版社から公刊され，1997年には北京市哲学社会科学優秀著作一等賞に選ばれた。このことは，著者が中国国内の学界において法史学の新たな潮流を代表する論者の一人として確固たる地位を占めたことを表しているといっていいだろう。一方，訳者は1990年の帰国後，草稿をもとに翻訳作業を開始し，著書公刊後はこれを底本として翻訳作業を継続した。しかし，帰国後はご多分にもれず，日を追うごとに大学における公務その他に忙殺される身となり，翻訳のための時間を確保することが次第に困難となり，優に800ページを超える大著を前に，1日にわずか1ページ分も作業を進められない我が身の非力を嘆く毎日が続く羽目に陥ってしまった。かくして，心ならずもこの訳業を半ば断念しつつあった訳者にとって，1997年に『中国伝統法律文化』のダイジェスト版として本書『中国伝統法律文化鳥瞰』が刊行されたことは，まさに干天の慈雨ともいうべき出来事であった。自らの力量と与えられた条件に照らして，直ちに目標を『中国伝統法律文化』の主要な内容をコンパクトにまとめた本書の翻訳に切り替えることとし，翻訳作業を本格的に再開した。その後も訳者の非力のゆえに予想以上に長い時間を要することにはなったが，幸い，2001年に勤務先の九州大学大学院法学研究院から与えられたサバティカル休暇を利用して，やっと翻訳原稿を仕上げるにいたった。

　さて，翻訳を終えた今となって，本書出版の意義についてあらためて考えてみると，訳者として一抹のという以上の不安がないわけではない。た

とえば，著者の研究業績を含めて，これまでの中国国内における中国法史研究が，日本の中国法史学界において，概して特に高い評価を受けたり，ことさら注目を浴びた例はきわめて少ないように思われる。管見の限り，中国人研究者の手になる法史学研究の本格的業績が日本国内で翻訳出版された近年のめぼしい例としては張晋藩著（真田芳憲監修／何天貴・後藤武秀訳）『中国法制史（上）（下）』（中央大学出版部，1993, 1995年）しかないこともその表れの一つであろう。その背景には，法史研究の目的や方法論の次元における日中両国学界の考え方の少なからぬ相違や，文革時代という学問研究にとっての長いブランク期間を余儀なくされた中国における法史研究について，特に実証研究の面において，現状ではなお全体として日本の学界の研究水準に照らして十分な展開を見るにいたっていないとする日本側の評価の存在などの要因が考えられる。そのような状況の中での本書刊行は，訳者の当初の勢い込んだ主観的願望とは裏腹に，学界にさして裨益するところのないまま，訳者の自己満足に終わってしまうのではないかという危惧の念を払拭しきれないのである。また，当初の計画を変更してダイジェスト版たる本書を翻訳刊行することが，著者の主要業績を日本の読者に伝えるという点で，正しい選択だったといえるだろうかという懸念もないわけではない。さらには，訳者の中国法史に対する理解不足や語学力の不足のために原著の内容を誤訳した箇所が少なくないのではないかという不安もある。

　訳者は一方でこうした不安を抱きつつも，他方で，本書の刊行が必ず何らかの形で中国の伝統法文化に対する理解に寄与し，かつ，日中両国学界のさらなる交流の促進に寄与してくれるものと信じている。本書の翻訳刊行を契機に，これまで以上に武氏の研究業績に対する関心，ひいては中国国内における研究動向に対する関心が高まり，両国学界間の議論が促進されるといった動きが多少なりとも生じてくれれば，訳者にとってこれ以上の喜びはない。

　つぎに，本書の構成上極めて重要な位置づけを与えられている，本文中

の引用史料の翻訳上の技術的扱いについて触れておきたい。一読すれば分かるように，本書には非常に多くの中国古典文献が引用されている。というよりも，むしろ本書全体の中心的内容は古典文献史料の引用を巧みにつなぎ合わせることによって構成されているといっても過言ではない。いわば本書は中国の伝統法文化に関する主要な言説のアンソロジーともいうべきスタイルの著作だといってもよい。訳者としては，このような本書の性格を生かしながら，全体として日本の読者に読みやすい翻訳文とするためには，著者の地の文はもちろん，引用古典文献をも現代日本語の口語文体に翻訳するというスタイルをとるのが最適であると考え，あえてそのような訳出方法を採用した。なお，このようなスタイルをとった場合，他方で引用原文を示さなければ，いわゆる漢文読み下し方式による訳出の場合と比較して引用原文の同定が著しく困難になるという難点が生じる。そこで，こうした難点を多少なりとも解消するために，原則として古典文献引用文の翻訳箇所ごとに括弧書きでその原文をも示すこととした。ただし，引用原文が比較的長文のときは訳文全体の流れをいたずらに断絶させないために，原文は注として記載することとした。このような異例の訳出スタイルの当否については，読者の判断に任せるしかないが，訳者としてはこのスタイルこそ著者の本書執筆意図にもっとも相応するものと判断したからである。

　最後に，前述のとおり，原著は武樹臣等著『中国伝統法律文化』（北京大学出版社，1994年）の武氏執筆部分のダイジェスト版として出版された書物という性格を有している。このため，翻訳出版に際しては，大象出版社，北京大学出版社の両出版社の理解と協力を求めることとなったが，いずれの出版社ともこの申し出を直ちに快諾してくれた。ここに謝意を表したい。

目　次

日本語版への序 ……………………………………………………… i
訳者はしがき ………………………………………………………… vii

序　章　法文化一般と中国の伝統法文化 ……………………… 1

第1章　伝説時代の法文化 ……………………………………… 5
第1節　「法」という字の文化的含意 ……………………………… 7
第2節　一角神獣が物語るもの …………………………………… 11

第2章　「神治・任意法」時代の法文化 ……………………… 35
第1節　天命を受け，謹んで天罰を行う ………………………… 35
第2節　辟と御鷹：「神意」と「人意」の統合 ………………… 37
第3節　立法・司法の手続き ……………………………………… 40
第4節　「神治・任意法」の衰退とその遺産 …………………… 42

第3章　「礼治・判例法」時代の法文化 ……………………… 49
第1節　「鬼神の迷信」から「人事(人の能力)の重視」へ …… 50
第2節　「礼によって国を治める(為国以礼)」という「礼治」 … 53
第3節　「判例法」の全体像（1）………………………………… 56
第4節　「判例法」の全体像（2）………………………………… 71
第5節　「礼治・判例法」時代の終焉とその遺産 ……………… 77

第4章　「法治・成文法」時代の法文化 ……………………… 83
第1節　「礼治」から「法治」へ ………………………………… 84
第2節　「法治」の理論的支柱 …………………………………… 89

第3節　「成文法」の萌芽とその定型化 …………………………… 92
　第4節　「成文法」の基本精神と表現様式 ………………………… 102
　第5節　「法治・成文法」時代の功罪およびその遺産 …………… 110

第5章　「礼法共同統治・混合法」時代の法文化 ………………… 115
　第1節　荀子の学：「礼法共同統治」と「儒法統一」…………… 116
　第2節　荀子の法：「混合法」の理論的基礎 ……………………… 124
　第3節　「議事以制」と「人法之辯（人か法かの論）」…………… 129
　第4節　「成文法」と「判例法」：互いに消長しつつ均衡へと向かう …… 136
　第5節　「礼法共同統治・混合法」時代の終結とその遺産 ……… 166

終　章　中国の伝統法文化と世界の法文化 ………………………… 169
　第1節　中国の伝統法文化の昔ながらの栄光 …………………… 169
　第2節　中国の伝統法文化の世界的意義 ………………………… 172

注 …………………………………………………………………………… 179
訳　注 ……………………………………………………………………… 197
参 考 文 献 ………………………………………………………………… 199
訳者あとがき ……………………………………………………………… 201

序章　法文化一般と中国の伝統法文化

　法文化とは人類の法実践活動（立法，司法および法という社会現象についての認識）の発展状態および法実践活動から得られた成果のことである。静態的視点からみれば，それは法思想，法規範，法機構，法技術の四つの分野を含んでいる。動態的視点からみれば，法文化とは法実践活動を導く価値の根幹であり，またその価値が社会化される過程または方式のことである。我々は法実践活動を導く価値の根幹のことを「法統」と呼ぶが，それはある民族の文化的伝統が特に法実践活動の場においてとる表現のことである。一方，この価値が社会化される過程もしくは方式のことを「法体」と呼ぶが，それは社会の主導的地位をしめる集団がその価値をいかなる方式で法規範へと加工し，かつそれを具体的な社会生活秩序たらしめるのかを指している。簡単に言えば，「法体」とは立法や司法の様式のことであり，具体的にはたとえば慣習法，判例法，成文法，混合法等の形をとる[訳注1]。

　中国の伝統法文化とは中国の先史時代（伝説時代）から清末にいたるまでの数千年の間に形成され，独自に体系づけられた法実践活動により獲得された成果のことである。それは中華民族の生活経験の結晶であり，中国の伝統文化の宝庫中の貴重な財産であり，また人類の法文化上の成果の重要な構成要素でもある。

　「法統」と「法体」という二つの物差しを用いれば，数千年にわたる中国の法実践活動の歴史は以下のようないくつかの重要な発展段階に区分することができる。

① 伝説時代（黄帝，堯，舜，禹）

② 「神治・任意法」時代（商朝）
③ 「礼治・判例法」時代（西周，春秋）
④ 「法治・成文法」時代（戦国，秦朝）
⑤ 「礼法共同統治・混合法」時代（西漢から清末まで）

　中国の伝統法文化全体を貫く精神（法統）は，集団本位であり，そのマクロ的様式（法体）は成文法と判例法が互いに結合した混合法様式である。中国の伝統法文化はこうした二大特徴のおかげで世界の法文化界でユニークな地位を占めるにいたっている。このうち，集団本位は歴史的な限界性と後進性という一面を有していたにもかかわらず，結局は，中華民族という大家族の数々の苦難や危険を克服する不撓不屈の精神を結集し，人類の歴史に奇跡をもたらした。他方，成文法と判例法が結合した混合法様式は中華民族の英知を体現しているばかりでなく，人類の法実践活動に内在する法則性を高度に総括したものでもある。過去１世紀以上にわたる西洋二大法系——ヨーロッパ大陸成文法系と英米判例法系——の間の不断の交流と融合という事態は，まさしくこの法則を反映したものである。しかるに，中国では混合法様式は西漢の時代にはすでにほぼ確立されていた。
　中国の伝統法文化の輝かしい成果を目の当たりにして，我々はいささかもへりくだる必要はない。それどころか，我々はつとめてその有益な経験を掘り起こし，またそこにある消極的要素を克服し，歴史を客観的に評価し，それを今日に役立てなければならない。
　中国の伝統法文化が，「自生的な発展過程」として，歴史の各発展段階の独自性および歴史の歩みの全体としての一貫性のいずれをも表現し得たのは，中華民族が数千年にわたって，同じ流れを絶やすことなく継承してきたという偉大な経歴のおかげである。このように特に好条件に恵まれた古今一系の民族は世界人類史上他にほとんど例をみない。「ある民族や国家が存在しうるのは，ともかくそこに何らかの長所があるからである。過去の社会制度は繰り返し改変されても，人民は不滅であり，どんな時代のどん

な民族もみな各々の優れたものを備えているのである」[1]。一人の普通の中国人学者として，私は中国の輝かしい伝統法文化を目の当たりにして，それに感服し誇りに思わずにいられない。筆者はまさしくこのような思いを抱いて本書を書き上げたのである。

第1章　伝説時代の法文化

　人類の歴史には，文字で書かれた歴史ばかりでなく文字記録のない歴史も含まれている。文字が出現する以前から人類社会はすでに存在し，かつ相当長い歴史を経験しているが，歴史上この時期は人類の早期史あるいは先史時代とよばれている。この時期の歴史は古代の人々によって「言い伝え」という方法によって伝えられてきたために，この時代は「伝説時代」ともよばれている。

　中国の文字に記録された歴史はおおむね商の時代から始まる。商以前の炎帝，黄帝，蚩尤（シユウ）から堯，舜，禹にいたる歴史は，いずれも文字に記録されてはおらず，それらが存在した証拠は，わずかに古代の文献中に残された古い伝説に関する後世の回想記録に求められるのみである。文字記録こそないものの確実に存在したとみられるこの間の長い歴史こそ中国古代史上の伝説時代にほかならない。

　伝説時代は形式上以下のような特徴を有している。その第一は，伝説時代の出来事は古代の人々の先祖代々の言い伝えによって伝来してきたために，伝説中に描かれた歴史上の人物や事件は，しばしば時間的・空間的な一貫性や正確性に欠けるということである。中国は古来多民族からなる大所帯であって，各民族の伝説は互いに対立したり吸収しあったりして，常に変化している。このため，伝説中の人物や事件はしばしば相互に矛盾した姿をとって現れてくる。第二に，我々が今日触れている古代の伝説は，今日までずっともとの形のまま口承されつづけてきた史料ではなく，古代の史書による前代についての回想記録である。そして，この種の回想記録はしばしば著者の主観的動機によって変改や誇張が加えられ，中には誤解や

誤伝の生じるのを避け難いものもある。このため，我々が古代の伝説の本来の姿を観察するのも困難になるのである。第三に，古代の伝説は往々にして神話と渾然一体となり，人間の世界はしばしば神の世界と混同される。たとえば，『韓非子・十過』には，黄帝が泰山に鬼神を集めたとき，「蚩尤が前陣に位置し，風神がほこりを払い，雨神が道を洗い，虎狼が先駆し，鬼神が供をした。空飛ぶ蛇が地を這い，鳳凰が空を舞った。盛大に鬼神と会合し，清角の曲を作った」[1),訳注2)]と記載されている。表面的にみれば，これらの記載はまったく荒唐無稽な話である。しかし，古代の民族はみなトーテムを信仰していたのであり，ここにいう虎，狼，鳳凰，蛇などは氏族のトーテムにほかならない。また，「盛大に鬼神と会合する」とは，部族連盟の大集会もしくは戦争に臨んでの決起集会のことである。そして，これこその神話が我々に伝える史料なのである。神話は自ずから合理的な内容を有している。まさしくラファルグ（Paul Lafargue）が『宗教と資本』のなかで述べたように，「神話は人を騙すたわごとでもなければ，意味のない想像の産物でもない。それらは人類の思想の素朴で自発的な形式の一つというべきものである。我々がこれらの神話が原始人にとって有していた意義を探り当てたとき，すなわち，何世紀もの間に見失われてしまったその意義を探り当てたとき，我々ははじめて人類の幼年期について理解することができる」[2)]のである。

中華民族は祖先を崇拝し自らの歴史に思いを寄せる民族である。彼らは西周の人びとが「天を敬い祖先を模範とし（敬天法祖）」，孔子が「堯舜の教えを祖述（祖述堯舜）」[3)]して以来，康有為の「いにしえに仮託して制度を改める（托古改制）」との主張にいたるまでずっと，過去の事跡を参照するという方法で現実的主張の合理性を根拠づけてきた。商王盤庚は，命令を発するときはまず「いにしえの先王（古我先王）」の例を引き，周の穆王が立法を命ずる際にもまた「いにしえの教訓がある（若古有訓）」[4)]ことが引き合いに出された。歴代の君臣が解決困難な事案の処理を議するときもまた，つねに古い例が持ち出された。西漢の「春秋決獄」はその突出した一

例である。古きを崇め祖先に倣うこのようなスタイルは古代史料の伝来と記録のために役立ち，経，史，子，集はもちろんのこと，膨大な古代の典籍のなかに過去の史実に関する文字記録を豊富に伝える結果となった。このおかげで，我々には伝説時代の歴史を研究するためのかなり有利な条件が提供されているのである。

第1節 「法」という字の文化的含意

古代には「法」の字は灋と書かれたことが，出土した金石文や秦墓竹簡などからすでに明らかにされている。「法」という文字の原義が問題にされるとき，東漢の許慎の著『説文解字』の「灋とは刑のことである。水面のように平らである。ゆえに水につくる。廌とは角を用いて不正な者を退けるものである。ゆえに去につくる（灋，刑也，平之如水，従水，廌所以触不直者去之，従去）」という説明がよく引き合いに出される。同書はまた「今文は省略して"法"につくる」とも述べている。このような解釈は，疑いもなく古人が代々伝えた「法」という社会現象に関する伝統的な認識を高度に凝縮させたものであるが，なお少し検討の余地がある。

およそ人類の早期の歴史は，すべてまず先に話しことばが現れ，しかる後に文字が現れるという過程を経た。漢字は象形文字であるが，漢字が一画一画と創り上げられたとき，その全体のかたちは造字者の主観的な意図を反映しているばかりではない。より重要なのは，漢字は世に出た途端もうすでにこの字はこのような形象構造でなければならないという歴史的必然性を備えていたということである。なぜなら，漢字は先祖代々口伝えに伝えてきた歴史像をその内にはらんでいるばかりでなく，古人のある社会現象に対する素朴な感覚でとらえた最も直観的で普遍的な見方をも蔵しているからである。そして，「法」の古字は，その最も顕著な一例である。

古い「灋」の字は三つの部分から構成される。以下，それぞれについて述べよう。

第一は氵，すなわち水である。これには二重の意味が含まれている。一つはその象徴的な含意，すなわち水のように平ら，不偏不党，公平正直，等である。原始社会では，平等とは個人と個人の間の平等関係を指すものではなく，氏族と氏族の間の平等関係を意味するものであった。そして，このような平等は部族連盟が形成された後にはじめてその実現のための条件が生まれたのである。二つ目はその実践的な意味である。太古の人々の生活範囲はしばしば谷や河を境界としており，それらが次第に慣習的にある氏族の活動の終点であり別の氏族の活動の起点だとみなされるようになった。その当時，個人は自分の氏族から別れ，「群を離れて一人で暮らす」ことは不可能であった。ちょうどエンゲルスが『家族・私有財産・国家の起源』のなかで「およそ部族の外部にあるものは法の保護を受けない。明確な平和条約がないところでは，部族と部族との間ではすぐに戦争が生じ，さらに，この戦争は残酷さをもって行われた」[5]と指摘しているように。このため，追放は死刑に等しい冷酷な懲罰のひとつであった。人々は公共生活のルールに違反した「罪人」を「河の向こう側」に追放したが，それはまさしく死刑宣告であった。こうして時とともに河は刑罰の威厳を帯びさせられ，さらに進んである種の文化的意義を付与された。なぜなら，河は当時，公共生活のルールの化身となっていたからである。

　第二は廌(タイ)である。これは伝えられるところによると，牛，羊，鹿，熊などに姿の似た一角獣のことだというが，実はそれは古代の部族のトーテムの一つである。そして，「蚩尤(コウヨウ)」，「咎繇(コウヨウ)」，「皋陶」などの名称は単に廌の発音を文字に表す符号にすぎない。『尚書・呂刑』の記載によれば，蚩尤は「法」の創設者である。彼は「はじめて社会秩序を安定させ，その恩恵を平民に及ぼし」[訳注3]，「五種類の残酷な刑罰を制定してこれを法と名付けた（作五虐之刑曰法）」。黄帝は蚩尤に打ち勝つと，すぐに蚩尤部族を「同化」させ，蚩尤の創った「法」を取り入れた。『龍魚河図』に「蚩尤の没後，天下は再び乱れて静まらなかった。そこで黄帝は蚩尤像を絵に描き，その威を天下に示した。人々はみな蚩尤は生きていると言い，四方の国々はみな畏れお

ののいた」[6]と記されているのは，まさしくこのことを示している。ここにいう「蚩尤像」は「廌」というよりはむしろ「法」のことだといったほうがよい。かくして，「黄帝が泰山に鬼神を集めたとき……蚩尤は前陣に位置し，風神がほこりを払い，雨神が道を洗った」[7]ということになる。すなわち，蚩尤部族は黄帝に臣従し，新たな部族連盟機構の中で代々司法を主管することとなった。だからこそ「皋陶は，裁判に際して，罪証の定かでない者を羊に突かせた（皋陶治獄，其罪疑者，令羊触之）」とか，「天が一角の聖獣を下して裁判の立証を助けたので，皋陶は羊を敬い，跪いてこれに仕えた（斯蓋天生一角獣，助獄為験，故皋陶敬羊坐事之）」[8]とかいう伝説が生じたのである。ここから分かるように，廌とは黄帝が部族連盟を作り上げて後に代々司法を主管した部族のトーテムである。古代の「法」という文字の中で，廌は社会的権威機構を象徴しているのである。

　第三は，去である。許慎はこれを動詞とみなし，棄却するの意に解している。しかし，彼は『説文解字』のなかで「去とは人と人とが食い違うことである（去，人相違也）」とも述べている。この解釈には必ずそれなりの根拠があるはずだが，残念ながら説明が簡単すぎて意を尽くさない。「去」の字の古文字は 🀆 に作るが，これは実は ⇧ と ⌣ の二つの部分からなっている。前者は矢で，後者は弓である[9]。弓矢は原始人の重要な生産用具かつ武器であって，人々はしばしば弓や矢に記号や部族のマークを刻みつけた。「去」の字の本義は弓と矢が互いに離れていて，両者の記号が合致しないことを表している。また，この字はもともと「夷」という字と正反対の意味をもっている。「夷」の古字は 夷 に作り，弓と矢がきちんとワンセットに繋がっていることを表している。原始人はしばしば獲物の帰属をめぐって紛争を起こしたが，その解決方法は獲物の身体にささった矢と人々の手中の弓の記号が一致するかどうかを見るということであった。『易経・明夷』には，「一頭の馬の左足が弓で射られ，傷口から鏃が見つかったとき，これをもとに矢の持ち主を探し出し，彼に馬の傷の治療の責任を負わせる行為は正当である（明夷，夷于左股，用拯馬壮，吉）」とある。また，「一匹の

野生動物を射止め，これを南方の村まで追跡尾行したとき，その動物の体に鏃がささっていれば，村人は引き渡し要求を拒絶できない（明夷于南狩，得其大首，不可疾，貞）」，「ある狩人が獲物を追い求めて他人の家の前までやって来て，獲物の左腹から鏃が見つかったため満足して獲物を持ち帰った（入于左腹，獲明夷之心，于出門庭）」などとある。さらに，「検証のために弓を提出しようとしないのは非常にあやしい。この獲物はあなたが射たものではない。空に向かって矢を射て，それが地面に落ちたのであって，あなたの鏃はまだそこにあるのではないか（不明，晦，初登于天，後入于地）」ともある[訳注4]。まさに弓と矢はもっとも確実な証拠なので，訴訟の両当事者はともに証拠の提示，すなわち「明夷」を求められるのである。このほか，『周礼・秋官・司寇』には「およそ訴訟の両当事者は出頭して一束の矢を提出せねばならず，しかる後に訴訟を受け付ける（以両造禁民訟，入束矢于朝，然後聴之）」とある。また，『国語・斉語』には「訴訟の受理のために12本の矢を納める（坐成以束矢）」とあり，韋昭はこれに「訴訟両当事者のうち，一人が矢を提出し，他方が矢を提出しなければ，後者を非とする」と注している。『雲夢秦簡』にはまた「当事者が矢を所持していれば，訴訟審理を開始する（聴其有矢）」[10]とある。「矢の提出」の意味については，自らが矢のように正直であることを証明することだと解する者もあれば，「訴訟費用」を支払うことだと考える者もいるが，実は，それはまさしく古来の「明夷（証拠の提示）」なる習俗から変遷をとげたものである。

　以上に述べたことから分かるように，「法」の古字には古代の先人たちの「法」という社会現象に関する最も素朴で信頼すべき見解が凝縮されている。すなわち，「法」とは，証拠の調査解明をつうじて紛争を解決し，是非曲直をはっきりさせ，さらに法に違反する者に刑罰を施すという社会的権威機構によって組織された特殊な社会活動であると同時に，これによって示される，人々が必ず遵守しなければならない公共生活のルールのことでもあるという見解である。古代の「法」の字は，その象形文字という独特の方式によって，我々が今日「法」の定義や起源を探求するための多くの

有益な示唆を提供している。

第2節　一角神獣が物語るもの

「法」の古い漢字は「灋」と書く。このことは出土した西周の礼器や秦代の竹簡によって何度も確かめられている。「廌」という不思議なキャラクターは，「法」の行進する行く手にまるで亡霊のように出没，徘徊している。以下，その起源にまで遡って，「廌」の「正伝」をつづってみよう。

1. 廌の形状

　廌の形状についてのこれまでの見解はまちまちであるが，総じていえば，以下の数種類のものがある。

　その一は牛類似説である。『説文解字』には「廌とは解廌(カイタイ)という獣であり，山牛に似ており，角が一つある」とあり，段玉裁注には「『玉篇』，『廣韻』，『太平御覧』の引用にはすべて山の字なし」とある。『神異経』には「東北の荒野に牛に似た一角獣がいる。毛は青く，四足は熊に似ている。人が闘うのを見ると不正な側を突き，人が言い争うと聞けば，不正な者にかみつく。名付けて解豸という」とある。

　その二は羊類似説である。『後漢書・輿服志下』には「解豸(カイチ)は神羊で，曲直を弁別できる。楚王はかつてこれを捕らえて冠に用いた（解豸神羊，能別曲直，楚王嘗獲之，故以為冠）」とある。『金楼子・興王』には「常年の人が羊のような神獣をとらえ，これを解豸と名付けた（常年之人得神獣若羊，名曰解豸）」とある。『論衡・是応』には「觟䚦(カイチ)は一角羊で，有罪のものを見分ける性質がある（觟䚦者，一角之羊也，性之有罪）」とあるが，觟䚦とは解廌のことである。

　その三は鹿類似説である。『漢書・司馬相如伝』の注は張揖を引き，「解廌は鹿に似ており，一角である。君主による刑政が正しければ朝廷に現れ，不正な者を突く役割を果たす（解廌，似鹿而一角。人君刑罰得中則生于朝廷，

主觸不直)」と述べている。

その四は麒麟類似説である。『隋書・礼儀志』は蔡邕を引き，「解廌は麒麟に似ており，一角である（解廌，如麟，一角）」と述べている。

以上に述べたことを総合すれば分かるように，廌はその姿が牛，羊，鹿などに似た動物で，その特徴は角が一つであること，また，その機能は曲直を弁別し，刑罰をただし，善を賞し悪を罰することである。ところで，実は廌は神秘的な動物でもなければ伝奇的な古代の人物のことでもない。それは黄帝の時代から代々軍事と司法事務を主管したある部族のトーテムだったのである。黄帝は部族連盟を確立し，官職を設けた。古くは兵と刑は未分離で，軍事と司法は一つの職にたばねられていた。軍事統括者と刑事統括者とはある部族の世襲するところであったが，これがすなわち蚩尤である。蚩尤は堯，舜，禹の頃までは咎繇あるいは皋陶とよばれた。そのトーテムがすなわち廌である。蚩尤は法を作り，法の古字は灋と書かれたが，その主要部分は廌にほかならない。それは正義，公平，威厳の象徴なのである。生まれながらにして，廌は法律や司法裁判活動と切っても切れない縁を結んでいたのである。

2．廌と蚩尤

蚩尤は黄帝や炎帝と同時代の部族の首長である。また，彼は兵器，刑罰および法律の創造者であった。

太古の人類の進化は，概して原始的集団から氏族へと発展し，しかる後，父系氏族の出現および発展につれて，部族や部族連盟が生まれた。炎帝，黄帝，蚩尤らの時代はまさしく中華民族が部族連盟へと歩を進めた時代であるが，それは中国の伝説時代の幕開けでもあった。

当時，本来はその起源を同じくする各部族は，それぞれ広漠たる中華の原野で生活していた。それらのうち，中原一帯に居住していた華夏集団は二つの部族からなっていた。一つは炎帝部族であり，もう一つは黄帝部族である。『国語・晋語』によれば，「その昔，少典は有蟜氏から娶って，黄

帝と炎帝を産んだ。黄帝は姫水のほとりで成人し，炎帝は姜水のほとりで成人し，成人の後は互いに徳が異なっていたので，黄帝は姫姓となり，炎帝は姜姓となった」[11]という。華夏集団と併存して中国東部地域で生活を営んでいたのが東夷集団，すなわち九黎集団であり，その首長が蚩尤であった。そして，その直系が苗民族である。

　炎帝および黄帝の二部族は絶えず東南に向かって発展していったが，炎帝の部族の方が一歩先に展開していた。こうして，ついに東夷集団と遭遇したのである。長期間の戦争を経て，炎帝の部族は苦しい戦局に直面し，講和派部族と主戦派部族とに分裂した。その後講和派が主導権を握り，炎帝・蚩尤の両部族は講和を結び，さらに互いの勢力範囲を議定するに至った。和平が実現したのである。ところが炎帝の部族は手痛い代償を支払った。内部分裂である。『逸周書・嘗麦』には，「その昔，天帝が二人の君主をつくった。そのあとで話し合いで協定を結ばせ，炎帝には部族を二つに分けるように命じ，蚩尤には少昊に住むように命じ，それによって天下を統治させた（昔天之初，□作二后，乃設建典，命赤分正二卿，命蚩尤于宇少昊，以臨四方）」とある。二后とは炎帝・蚩尤の二人の首長のこと，建典とは協定のこと，赤帝とは炎帝のこと，二卿とは炎帝の部族内で「政見」を異にしている両派のこと，于宇とは宇于，即ち居住するという意味である。また，少昊とは『左伝』定公四年にいう「少昊之虚」のことであり，東夷集団の本拠地を指すが，これは春秋時代における魯国の領土に相当する。炎帝部族と蚩尤部族は元々は同じ出自であり，今や両部族とも互いに何のもめ事もなく仲良く暮らしており，月日の経つうちに，両部族は渾然一体となった。このため，『路史・蚩尤伝』に「蚩尤は姜姓で炎帝の末裔である」とか，「（蚩尤は）封禅をおこなって炎帝と号した」などと記されているのである。彼らのトーテムさえすべて同じになったのであり，「炎帝神農氏は人身牛頭である」[12]と言われたし，蚩尤は「人身で牛の蹄をもち，四つ目で手が六本」[13]とされた。後には，蚩尤は公然と炎帝の旗を打ち立てるようになった。『逸周書・史記解』には，蚩尤は「炎帝を自称し，また阪泉氏とも

称した」とある。炎帝部族中の元主戦派の集団はこれに怒って故郷に帰り，再起を準備した。

　和平は安定をもたらし，交流は繁栄を促進した。炎帝部族は本来農業生産に長けており，故に「神農氏」を称していたが，彼らは他の部族に先がけて農業社会に入っていた。先進的な生産方法と生産技術に促されて，蚩尤部族の経済は急速に発展した。経済力の拡充と領土の拡大は足並みを揃えて進んだ。そしてついに蚩尤部族は元来好戦的であった炎帝部族の一派と再びぶつかることになった。

　『逸周書・嘗麦』によれば，「蚩尤は炎帝を追い出し，涿鹿の河一帯の至るところで争った。炎帝＝赤帝は大いに怖れ，黄帝に身を寄せた（蚩尤乃逐帝，争于涿鹿之河，九隅無遺。赤帝大慴，乃説于黄帝）」という。かの好戦的な旧炎帝部族は蚩尤部族に大敗を喫し，領土を失い，身を隠す場所もなく，ただ黄帝の庇護を求めるほかなかったのである。

　蚩尤部族は元来主戦派だった旧炎帝部族を打ち破って領土を拡大し，しばらくの間その威信は大いにとどろき，周囲は恐懼した。蚩尤部族が勝利を収めることができたのは主として兵器がすぐれていたからである。『呂氏春秋・蕩兵』に「蚩尤は兵器を作った」とあり，『世本』に「蚩尤は五種類の兵器を作った」とあり，『尸子』には「金属を作ったのは蚩尤である」とある。そして，これらの兵器は火山の爆発で生じた金属を鍛えて作ったものだと言われている。『管子・地数』によれば，「葛盧の山は水を湧出させ，金属がそれに従って流出した。蚩尤がこの金属を受け取って精錬し，これによって剣や鎧，矛などを製作した。この年に（蚩尤が）併合した諸侯は九を数えた。また，雍狐の山が水を湧出させ，金属がそれに従って流出した。蚩尤がこれを受け取って精錬し，これによって雍狐の戟と，短小な矛とを製作した。この年に（蚩尤が）併合した諸侯は十二を数えた」[14]，訳注5)という。こうして，武器を手に取り，鎧を身につけた蚩尤部族の勇士は，あたかも無敵の神人の如き存在となった。『龍魚河図』には「蚩尤の兄弟は81人で，獣の体をして人間の言葉をしゃべり，銅の頭に鉄の額，砂や石を食

べ，刀剣や戟や大きな弩を作り，威信を天下に示した。黄帝は温厚であり，蚩尤を止めることはできなかった。遂に蚩尤に勝てず，天を仰いで嘆いた」[15]と記されている。黄帝は向かうところ敵なしの鉄兜軍に直面して，万策尽きていた。

　ところで，『尚書・呂刑』に次のような一文がある。「蚩尤惟始作乱，延及于平民，罔不寇賊，鴟義，姦宄，奪攘，矯虔。苗民弗用，霊制以刑，惟作五虐之刑曰法。殺戮無辜，爰始淫為劓刵椓黥」。ここにいう乱とは治のことである[16]。延は，波及するの意である。平民とは，支配領域内のさまざまな部族を指す。寇賊とは，略奪や殺傷行為のことである。鴟義とは，礼儀に違反すること，姦宄とは，邪悪に反乱を起こすこと，奪攘とは，財貨を強奪すること，矯虔とは，詐欺行為のことである。用とは，効果があるの意である。霊とは，命令のこと，虐は獰猛なこと，淫は増加すること，劓は鼻そぎ，刵は耳そぎ，椓は生殖器を損傷すること，黥は入れ墨のことである。要するに，引用箇所の大意は，蚩尤が社会秩序の粛正を開始し，新たな行為規範を制定し，これを支配領域内の各部族にまで適用した，また，さまざまな悪行を寇賊，鴟義，姦宄，奪攘，矯虔の五種の類型に総括し，これによって人々に規制を加えた，というものである。蚩尤の嫡流の苗族は積極的にこれを実施したが，効果を得ることができなかったため，蚩尤は彼らに刑罰を用いて制裁を加えるよう命じた。これらの懲罰手段は上述の五種類の悪行に対応している。こうして五種の非情な刑罰がうまれ，それが「法」とよばれた。もともとは殺害という手段のみが用いられたが，罪のない者に死刑が及ぶことを恐れたことから，鼻そぎ，耳そぎ，宮刑，入れ墨という四種の刑罰が加えられていった。

　戦いに敗れた炎帝部族の一派が黄帝のもとに逃れて援助を求めた結果，黄帝部族と蚩尤部族との間の空前の大戦争の機が熟することとなった。『山海経・大荒北経』によれば，「蚩尤は兵器を製造して黄帝の討伐をはかったが，黄帝は応龍を冀州の原野に派遣して防戦した。応龍は大量の水を蓄えた。蚩尤は風の神と雨の神に請うて大雨を降らせた。すると黄帝は魃とい

う天女を地上に下して雨を止ませ,ついには蚩尤を殺した」[17]という。黄帝は蚩尤部族内の混乱に乗じて,ついに彼らを打ち破った。しかし,当時の歴史的条件のもとでは,黄帝部族が完全に蚩尤部族を支配下におくことは不可能であった。そこで,グループ別に異なる対応をするという方法が取られた。『路史・国名紀己』によれば,「黄帝は蚩尤を殺し,その民の善良な者を鄒に移住させ,悪質な者は有北という地で殺した」という。また,苗民部族を南方に移し,少昊氏(ショウコウ)を旧蚩尤部族の首長とし,これと同盟を結んで戦いに終止符を打った。『逸周書・嘗麦』には「……赤帝は大いに怖れ,黄帝に援助のための出兵を求め,ついに蚩尤を捕らえてこれを中冀で殺した。軍事討伐によって天の怒りを鎮めたのである。さらに,大正に命じて秩序を回復させるべく〈絶轡之野〉と称する命令を発した。また,少昊を清司馬鳥師に任じ,五帝の官制を整備させた。ゆえに,これを〈質〉という。天下は太平となり,現在に至るまで混乱はない」[18]と記されている。

　より大規模な新たな部族連盟が出現した。そこで,黄帝は泰山で部族連盟大集会を召集した。『韓非子・十過』には「昔黄帝が鬼神を泰山の上に集めたことがある。黄帝は象牙で飾られた車に乗り,六匹の龍がこれを引き,畢方がつきそい,蚩尤が車の先端を護り,風伯が塵はらいをつとめ,雨師が道をうるおした……」とある。旧蚩尤部族はその同盟軍たる「風伯」「雨師」とともに黄帝の指揮下に服従することとなった。旧蚩尤部族の中には徹底抗戦を主張する氏族も少なくなかったが,もはやそれが大きなうねりを巻き起こすことは困難であった。

　蚩尤は死んだが,なんと彼のつくった「法」は生き続けた。これは「法」が当時の社会の発展のニーズに適応しており,このため社会の普遍的承認を得ていたからである。「法」はひとたび生まれるや,すぐに氏族や部族といった狭小な限界を打破し,当時の社会の共同の財産となった。たとえ戦勝者たる黄帝といえどもこの事実を無視することはできなかった。『龍魚河図』は「蚩尤の没後,天下は再び乱れて静まらなかった。そこで黄帝は蚩尤像を絵に描き,その威を天下に示した。人々はみな蚩尤は生きていると

第1章　伝説時代の法文化

言い，四方の国々はみな畏れおののいた」と記している。ここにいう蚩尤の姿というのは，「銅頭鉄額」や「人面獣身」の姿というよりはむしろ「法」のことを示しているといったほうがよい。

　黄帝は「内には刑罰を行い，外には武器を用いて（内行刀鋸，外用甲兵）」[19]，すなわち，蚩尤の創造した兵器と刑罰に頼って天下を統一した。同時に，黄帝はまた蚩尤部族から新たな指導者を選び出し，引き続き兵器のことを主管させた。このため，『管子・五行』が「黄帝は六人の大臣を得たことにより天下が治まった。蚩尤は天道を心得ていたので，大臣に任じられた（黄帝得六相而天地治，蚩尤明乎天道，故使為当時）」と述べ，また，『龍魚河図』が「黄帝は蚩尤を征服すると，彼に軍事を主管させて八方を制した（（黄帝）制服蚩尤，帝因使之主兵，以制八方）」[20]と述べているのである。蚩尤の創造した兵器，刑罰，法律および彼のトーテムはともに一種の公共財産として，新たに編成された華夏民族のもとに吸収され，融合され，継承されていったのである。こうして，黄帝の蚩尤征服をつうじた両者の一体化は，まさしく『説文解字』が「昔，天の神が廌を黄帝に送った（古者神人以廌遺黄帝）」と述べているように，いとも不思議な色彩をまとわされることとなった。人間世界の変革と進歩が神の承認をかちえたのである。

3．廌と皐陶

　皐陶とは堯舜の時代の大法官である。『説苑・君道』によれば，「堯の時代，皐陶は大理であった（当堯之時，皐陶為大理）」。また，『春秋元命苞』には「堯が天子の時，馬のような口をした人の夢を見た。その後皐陶を得たため，彼を大理に任じた（堯為天之，夢馬喙子，得皐陶，聘為大理）」とある。おそらく皐陶の出現が馬と関係があったからこそ，『淮南子・修務』に「皐陶は馬のような口をしていた（皐陶馬喙）」という記述があるのだろう。『尚書・堯典』には，帝舜がかつて皐陶を法官に任命し，刑政を管掌させたとき，「皐陶よ，いま蛮夷が国を乱し，強盗・人殺しなどが横行している。汝は士＝獄官となり，悪人を五刑に服させよ（皐陶，蛮夷猾夏，寇賊

姦宄，汝作士，五刑有服)」と述べたとの記事がある。『尚書・皋陶謨』も
また皋陶と禹との対話を詳しく載せている。してみると，皋陶は堯，舜，禹
の三代を生き抜いたスーパー長寿者ということになるが，実は，皋陶は一
人の人物を指すわけではなく，鷹をトーテムとする部族の子孫たちのこと
であって，裁判や刑政に長じていたため代々司法の職務を継承していたの
である。これは当時においては極めて自然なことであった。

　皋陶が代々刑政の職を継承できたのにはもう一つ理由があった。それは，
鷹をトーテムとする部族が，ずっと中原（現在の山東）一帯で比較的安定し
た暮らしをしていたことである。当時，黄帝が蚩尤を打ち破って，少昊氏
に旧部族の統括を命じて以来，旧蚩尤部族は山東一帯に居住してきた。こ
のため，『帝王世紀』は「少昊は窮桑に城を構えて帝位につき，曲阜を都城
とした」と述べている。『左伝』昭公一七年には，郯子が少昊氏は鳥の名を
官名とし，「爽鳩氏を司寇とした」と述べたという記事がある。『左伝』定
公四年の子魚の談話によると，周の天子が「伯禽を魯国の君主とし，少皡
の跡を統治するよう命じた（命以伯禽而封于少皡之虚）」とある。「少皡之
虚」はこうして魯国の封地となった。『左伝』昭公二〇年には，晏子が「む
かし爽鳩氏がはじめてこの地に住んだ」と述べたとあるが，これもまた現
在の山東一帯のことである。『帝王世紀』には，「皋陶は曲阜に生まれた」と
あるが，これまた山東である。『左伝』昭公二九年には，蔡墨が「少皋氏に
重，該，修，熙という四人の弟があった。……該を蓐収としたところ……
代々その職を守り，窮桑＝少皋氏を助けた」[21]と述べ，また「金正＝金の長
官を蓐収といった（金正曰蓐収）」と述べたことなどが記されている。『尸
子・仁意』には「少昊金天氏は窮桑を本拠とする（少昊金天氏邑于窮桑）」
とあるが，窮桑の所在地は山東である。『国語・晋語』には，虢公が「人面
で毛が白く虎の爪を持つ神が，まさかりを持って西のひさしに立っている
（有神人面白毛虎爪，執鉞立于西阿）」夢を見，太史の嚚がこれを占って，「君
のお話のとおりなら，それは天の刑罰の神蓐収である（如君之言，則蓐収
也，天之刑神也）」と答えたという記事がある。こうした刑罰をつかさどる

有名な大官はすべて斉と魯の地域に出没しているが，これは偶然ではあり得ない。『史記・周本紀』『正義』は『帝王世紀』を引いて，「炎帝は陳営から魯の曲阜に来て建都し，黄帝は窮桑で帝位につき，後に曲阜に移り，少昊氏は窮桑に住して帝位につき曲阜を都とし，顓頊ははじめ窮桑を都とし，後に商丘に移った」[22)]と記している。このように，歴代の司法官が斉や魯に居住していることは偶然とは考えられない。

時代の変遷と氏族間の融合にともなって，廌の姿も明るくなったり，暗くなったりしながら，徐々に曖昧になっていった。そのため後代の人々が廌を描くに際して，牛類似，羊類似，鹿類似，麒麟類似等の諸説が生まれたのである。皋陶の姿もこれと同様である。『荀子・非相』は「皋陶の顔色は皮をむいた瓜のようであった」といい，『淮南子・修務』は「皋陶は馬のような口をしていた」といい，『白虎通・聖人』は「皋陶は鳥のような口をしていた。非常に誠実で，裁判は公明正大で，人情に通じていた（皋陶鳥喙，是謂至信，決獄明白，察于人情）」と述べている。おそらく少昊氏が鳥の名を官名としたからこそ，皋陶の顔には鳥の嘴をつけさせたのである。一方で，皋陶は終始廌と特別な関係を保持している。『論衡・是応』によれば，「觟𧣾は一角の羊で，有罪のものを見分ける性質がある。皋陶は，裁判に際して，罪証の定かでない者に羊を差し向けた。有罪なら羊に突かれ，無罪なら突かれなかった。天が一角の聖獣を下して裁判の立証を助けたので，皋陶は羊を敬い，跪いてこれに仕えた」[23)]という。この觟𧣾こそ廌にほかならない。それはかつて最初の神明裁判において大いに活躍したため，蚩尤部族のトーテムとなり，また司法官の代名詞となったのである。

4．夏・商時代における廌

廌をトーテムとし，一族のシンボル・マークとした氏族は，転々と流浪し，苦労の限りをつくしはしたものの，綿々と絶えることなく夏商の時代まで続いた。このおかげで我々は廌の足跡をたどることができるのである。

『史記・楚世家』によれば，「高陽が称を生み，称が巻章を生み，巻章が

重黎を生んだ。……共工氏が乱を起こすと，帝嚳は重黎にその誅罰を命じたが，重黎は失敗したため，帝は庚寅の日に重黎を誅罰し，その弟呉回を後任とした。彼もまた火正の地位につき，祝融と称した」[24]という。また，『国語・楚語』によれば，「少皞の時に世道が衰微し，九黎が乱を起こした。……顓頊が天子の位につき，南正重に命じて神祇のことをつかさどらせ，火正黎に命じて民間のことをつかさどらせ，神祇のことと民間のことが互いに侵犯しあわないようにした。これを絶地天通という。その後，三苗がまた九黎の悪徳を繰り返したため，堯はまた重黎の子孫で忠厚な者を養成して，神祇・民間のことをつかさどらせた。このようにして夏商の世に至った」[25]という。重黎と九黎はいずれも蚩尤部族の子孫である。これらの子孫たちが統治に服従しないとき，当時の君主は彼らの中から従順な者を氏族の代表として選抜し，これを最高統治層のなかに組み込んで君主のために尽力させた。これを「夷をもって夷を制す」という。強硬で好戦的な蚩尤部族はかえってこのために代々部族連盟の中で重要な地位を占めた。

　夏朝に関する史料は極めて少ないが，それでもなお我々は夏朝が確かに鷹，すなわち皋陶の法の直接の継承者であると見て取ることができる。『隋書・経籍志』によれば，「夏后氏の正刑は五種あり，法令や判例は三千箇条あった（夏后氏正刑有五，科条三千）」という。『周礼・秋官・司刑』には「司刑は五刑の法をつかさどる」とあり，鄭玄はこれに「夏朝の刑法には，死刑が二百ヵ条，足斬り刑が二百ヵ条，宮刑が五百ヵ条，鼻そぎ刑，墨刑が各一千ヵ条ある（夏刑大辟二百，臏辟二百，宮辟五百，劓，墨各千）」と注している。夏の「五刑」はまさしく皋陶によって手を加えられた「五刑」を継承したものである。『左伝』昭公一四年は晋の大夫叔向の言を紹介し，「『夏書』に「昏と墨と賊は死刑に処す」とあるのは，皋陶の刑である（『夏書』曰：'昏，墨，賊，殺'。皋陶之刑也)」と述べている。『尚書・皋陶謨』は「天が有罪の者を討つ際には，五刑を五種類の異なる罪に対して区別して用いる（天討有罪，五刑五用哉！）」という皋陶の言を載せている。『甘誓』は夏の啓の誓詞を載せるが，これには「天は彼らの生命を滅ぼすよ

う命じた。そこで今，私が天帝の命を奉じて天罰を加える（天用剿絶其命，今予惟恭行天之罰）」とある。ここに見られるように，夏朝は皋陶による「五刑」と刑法の原則を継承したばかりでなく，その神権法思想をも継承したのである。

一般的にいえば，中国で最も古い文字は商代の甲骨文字である。甲骨文字の中には，夏代の五刑（墨，劓，剕，宮，大辟）の文字があるばかりでなく，「廌」の字も現れている。これはかの神秘的な一角聖獣に関する最古のリアルな記録である。一個の卜占用の骨の上に，同時に「御臣」，「御廌」などの文字が現れている。郭沫若氏の考証によれば，「御廌」とは商代の司法官の名称である[26)]。刃物で卜占用の骨の上に刻み込まれた「廌」といういとも単純な文字には，何世紀にもわたって人々が耳から口へと伝えてきた紛れもない実在の歴史が凝縮されている。

5．廌と饕餮(トウテツ)

西周では礼を重んじ，「天を敬い先祖に孝行する（敬天孝祖）」ことを重視した。周公は「礼楽の制度を制定し（制礼作楽）」，まとまった礼儀の制度を作り上げた。諸侯の宗廟には祖先の位牌が祀られ，台の上には各種の金属製祭器が並べられ，その中には各種の祭物が盛られていた。この種の金属製祭器は貴族身分や高貴な血統の象徴であった。

西周の祭器にはしばしば奇怪な動物の図案が鋳られているが，その名は饕餮という。これは商代の祭器から継承してきたものである。『呂氏春秋・先識』には「周代の鼎には饕餮が鋳込まれている。それは頭はあるが胴体がない。人を食らって呑み込まないうちに害が自らの身に及んだ姿で，応報を示しているのである（周鼎著饕餮，有首無身，食人未咽，害反及身，以言報更也）」とある。『史記・五帝本紀』には「縉雲氏に不才の子があって，飲食を貪り，財宝を貪った。天下の人々はこれを饕餮と呼んだ（縉雲氏有不才子，貪于飲食，冒于貨賄，天下謂之饕餮）」とあるが，『史記・五帝本紀』『集解』によれば，「賈逵いわく，縉雲氏は姜姓である。炎帝の子孫で，

黄帝の時に縉雲の官職に任ぜられた（賈逵曰：縉雲氏，姜姓也，炎帝之苗裔，当黄帝時任縉雲之官也）」という。また，『史記・五帝本紀』『正義』は『神異経』を引いて，「西南方に体毛が多く頭に豕のついた人間がいる。性格は凶悪で，貪欲に財を貯めて用いず，他人の穀物を奪うことにたけ，弱い者から奪う。多勢を恐れ，相手が少数だと攻撃する。名前を饕餮という」[27]と述べている。『路史後紀・蚩尤伝』によれば，「三代の祭器の多くは蚩尤の像を描いている。これは暴虐な者を誡めるためである。その姿はおおむね獣身で翼が付いている」[28]という。ここから分かるように，饕餮とは蚩尤のことであり，その形はまさしく「鳶」と同じ姿である。「頭に豕がついている」とあるが，豕とは矢，箭のことで，頭の上に一本の箭が直立しているということである。これはまさしく一角獣の特徴であり，両脇の「翼」は，まさしく「鬢髪が剣戟のようだ（耳鬢如剣戟）」という蚩尤の姿にほかならない。

　西周で祭器が鋳造される目的としては，主としてつぎの三つのケースがあった。第一は，王室に対して功績があり，冊封されて褒美を賜るに際し，その旨の文言を器に鋳込んで，後世に伝えるものである。第二は，貴族間の訴訟を司法官が裁決した際，判決文を鼎の上に鋳込んで，後の証拠とするものである。第三は，王室に従わない者を討った際，その者の祭器を火に溶かし新たな祭器を鋳るものである。たとえば，『国語・周語』に「黎族，苗族の王は，夏・商時代にいたって天地の道理に従わず，人民を平和にせず，農時を守らず，神祇を敬わず，五則を放棄した。このため，人々は彼らの宗廟を破壊し，彼らの祭器を焼き，その子孫は奴隷となり，他人に使役されることとなった。このことを鑑みるべきである」[29]とあるのはその例である。

　饕餮の形の祭器を鋳たのは第三の場合に当たる。これらの「飲食を貪り，財宝を貪り」，「財宝を蓄えて用いることなく，たくみに他人の穀物を奪う」諸侯，貴族に対しては，「重罰として軍事討伐を発動し（大刑用甲兵）」，その廟堂を破壊し，その祭器を奪い，永久に彼らの貴族身分を剥奪し，しかる

後，祭器を燃やしてこれを鋳るのである。新たに鋳造されたこの種の饕餮の形を持つ祭器は威嚇力を備えているが，それは祭器の上に「廌」の姿があったからである。これは一種の不文の法典であり，また，有形の刑罰用具でもあった。

6．廌と西王母

廌はおそらく西王母の原型でもある。廌はトーテムなのであって，蚩尤，西王母，咎繇などの名称はその発音表記にほかならない。蚩尤と西王母はいずれも黄帝の時代に出現する。『雲笈七籤』巻一百『軒轅本紀』には，西王母が「黄帝の徳を慕い白鹿に乗って現れ白玉の環を献上した（慕黄帝之德，乘白鹿来献白玉环）」とあり，『繹史・黄帝内伝』には「黄帝は王母と王宮で会った（（黄）帝既与王母会于王屋）」とある。その後，堯，舜，禹の時代に関してもまた，「堯は流沙に行って西王母に会った。その地は独山にある（（堯）身渉流沙，見西王母，地封独山）」[30]という史料が見える。また，「舜帝の九年，西王母が来朝した（帝舜有虞氏，……九年，西王母来朝）」[31]，「禹は益を西王母に会わせた（禹使益見西王母）」[32]ともある。その後，「周の穆王が昆侖に西征し，西王母に会った。その年西王母が来朝し，昭宮で接待を受けた（（周穆）王西征昆侖，見西王母。其年，西王母来朝，賓于昭宮）」[33]という史料もある。

西王母は「昆侖之丘」で暮らしており，「人面虎身で，白のまだら模様の尾を持ち（人面虎身，有文有尾皆白）」，「髪飾りを付け，虎の牙と豹の尾を持ち，穴居していて，名前を西王母という（戴勝，虎歯，有豹尾，穴処，名曰西王母）」。また，「玉山は西王母の住む所である。西王母の姿は人間の如くで，豹の尾や虎の牙を持ち，巧みにうそぶき，蓬髪に玉の髪飾りを付けている。そして，天災や五刑の惨殺による気を主管している」[34]ともいわれている。

西王母の「髪が茫々である」というのは，蚩尤の「鬢髪が剣戟の如く，頭上に角がある（耳鬢如剣戟，頭上有角）」[35]とか「蚩尤は大斧を握り，髪を

振り乱している（蚩尤秉鉞，奮髪被般）」[36]などというのと非常によく似ている。西王母が頭に付けていた玉製の装飾物の形については，いまでは調べようがないが，けっして，後世の人が考えるような女性用のアクセサリーなどではない。また，「蓬髪」とおしゃれとはもともと不釣り合いである。ここにいう「玉の髪飾り」は蚩尤の頭上の一本の角のことである可能性が高いと考えてはじめて西王母の姿にふさわしい。西王母は天災と刑罰をつかさどり，他方，蚩尤も兵と刑をつかさどっている。つまり，西王母と蚩尤はもともと同じものなのである。後世の人が本来一つのものを二つに分けたからこそ，「西王母は黒狐の皮衣をまとった使者を遣わし，神符を黄帝に授け（王母遣使者，被玄狐之裘，以符授帝）」，黄帝を助けて「中冀で蚩尤を打ち破った（克蚩尤于中冀）」などという話が出てきたのである。

　西王母は石の洞窟に住んでいたため，「西王母石室」の伝説が伝わっている。『漢書・地理志』によれば，「西北に向かって長城の外に至れば，西王母の石室がある」といい，『淮南子・地形訓』高誘注は『地理志』を引いて，「西王母石室は金城臨羌の西北の長城の外にある」と述べている。また，『太平御覧』巻三十八所収の『十洲記』によれば「赤水河の西岸に白玉山があり，山上に西王母の堂室がある」という。劉歆の『上山海経表』の中では，『山海経』の記事は「すべて聖賢の故事として，古代の典籍に記載されており，確かな事柄で信頼がおける」といわれている。彼は例をあげて，「孝宣帝の時，軍隊を派遣して上郡を攻め，石室を占領した。この時，その中に後ろ手に縛られた姿の者がいるのが発見された。時の諫議大夫劉向がこれは貳負之臣（二君に仕える者）だと述べると，皇帝がなぜそれが分かるのかと下問したので，劉向は『山海経』の記載をもとに答えた。その文章には『二君に仕える者が窫窳を殺した。このため上帝が命じてその両手を後ろ手に縛らせ，右足に足かせをし，疏属山の上にさらした』とあった。皇帝は大いに驚き，朝士たちはこぞって『山海経』を賞賛した」[37]と述べている。漢の孝宣帝の時に発見された石室というのは西王母の石室なのではあるまいか？　もしそうだとすれば，西王母の住む石室とは実は牢獄のこと

だということになる。

7．鷹と軍神

　蚩尤は五種類の兵器の発明者であり，また戦争にもたけていた。このため，後世の人々によって軍神として祭られた。鷹は蚩尤部族のトーテムであったため，鷹は祭祀の対象となったのである。

　西周の時代から蚩尤を軍神として祭ることが始まった。『周礼・春官・肆師』には「肆師の職務は国家の祭祀の礼儀をつかさどることである。……およそ四季の常祭や臨時の祭祀を行う時は肆師がその任にあたる（肆師之職掌立国祀之礼……凡四時之大甸猟，祭表貉，則為位）」とあり，鄭玄注によれば，「貉とは軍隊の祭祀の礼であり，百と読む。軍法の制定者を祭ることによって士気を鼓舞する。その神はたいがい蚩尤であるが，黄帝だという者もいる（貉，師祭也，読為十百之百，于所立表處為師祭，祭造軍法者，祷気勢之増倍，其神蓋蚩尤，或曰黄帝）」という。黄帝と蚩尤はいずれも戦争にたけた英雄であり，黄帝は勝利した英雄，蚩尤は敗北した英雄である。ただし，蚩尤のほうが勇猛に生き，悲壮な死を遂げたために，後世の人々は蚩尤の方により強い親近感を抱いている。

　秦は「尚武」で有名であり，自ずと軍神蚩尤を敬い祭った。『史記・封禅書』によれば，秦朝は東方八神を祭るが，「その第三は軍隊をつかさどる神で，蚩尤を祭っている。蚩尤は東平陸監郷にいるが，これは斉国の西境にあたる（三曰兵主，祀蚩尤。蚩尤在東平陸監郷，斉之西境也）」という。鷹と蚩尤が法を重んじ武を貴ぶ秦朝において崇拝を受けていたことは，きわめて自然なことである。

　秦末，劉邦は沛県の子弟三千人を率いて蜂起したが，その際には儀式を行い，生け贄を殺してその血を旗に塗り，「蚩尤を沛県の役所の広間に祭った（祭蚩尤于沛庭）」[38]。天下統一後には，「祝官に命じて蚩尤を長安に祭らせた（令祝官立蚩尤之祀于長安）」[39]。ここからも，鷹，すなわち蚩尤は戦争の神とされ，祭祀の対象だったことが分かるだろう。

8．鷹と蓐收ジョクシュウ・鴡鳩ショウキュウ

　蚩尤と蓐收は名前が違うだけで実際には同一人物のことである。その根拠は以下のとおりである。第一に，蚩尤は「五種の兵器を作り」，「冶金を行う」とされるのに対し，蓐收は「金属の神であり，人面で，虎の爪を持ち，尾は白く，まさかりを持つ（亦金神也，人面，虎爪，白尾，執鉞）」[40]とされ，また，『左伝』昭公二九年に「金属の長官を蓐收という（金正曰蓐收）」と言われていることである。第二に，蚩尤は刑官で，兵器を主管するのに対し，「蓐收は天の刑神であり（蓐收，天之刑神也）」[41]，また，彼は「もっぱら無法な行為に対する制裁をつかさどり，西阿と号し，天命を実行する（専司無道，立号西阿，恭行天討）」[42]とされていることである。第三に，両者はいずれも少皞氏に属しており，「蚩尤は少昊に駐留する（蚩尤于宇少昊）」[43]とか，少皞氏の末裔中の「該を蓐收とする（該為蓐收）」[44]とかいわれていることである。さらに，『国語・晋語二』韋昭注には，「少皞氏に該という子があり，該を蓐收とした（少皞有子曰該，該為蓐收）」とある。第四に，両者の用いる兵器が同じだということである。「蚩尤はまさかりを握り（蚩尤秉鉞）」[45]，蓐收は「まさかりを執る（執鉞）」。両者は何と似ていることだろう。

　鴡鳩とは，鷙シのことである。『説文解字』には「鷙，撃殺鳥也」とある。鴡鳩はまた，鷫鳩シュクソウともいうが，『説文解字』は鷫鳩について，「五方それぞれに神鳥がいる。東方の神鳥は発明，南方は焦明，西方は鷫鳩，北方は幽昌，中央は鳳凰という（五方神鳥也。東方発明，南方焦明，西方鷫鳩，北方幽昌，中央鳳凰）」と述べている。『左伝』昭公一七年によれば，少昊氏は官名に鳥の名を用い，「鴡鳩氏を司寇とした」との記事がある。これについて，杜預注は「鴡鳩とは鷹すなわち鷙のことである。ゆえにこれを司寇とし盗賊の取り締まりを主管させた（鴡鳩，鷹也，鷙，故為司寇，主盗賊）」と述べている。『左伝』昭公二〇年には，「昔，鴡鳩氏が最初にこの地に居住した（昔鴡鳩氏始居此地）」とあり，杜預注は「鴡鳩氏は少昊氏の司寇である（鴡

鳩氏，少昊氏之司寇也)」と述べている。「此地」とは，窮桑，すなわち現在の山東一帯のことである。ここから分かるように，鶌鳩とは蚩尤であり，皋陶であり，また鷹のことである。それは刑罰の神に変身したからこそ翼が生えてきたというわけである。

『淮南子・天文訓』によれば，「西方は金である。その帝は少皞で，その補佐は金神蓐収である。蓐収はものさしをつかさどって秋を治める（西方金也，其帝少皞，其佐蓐収，執矩而治秋)」という。このように，蓐収はここでもまた司寇である。ここから蓐収と鶌鳩はいずれも刑神であり，また，いずれも鷹を起源としていることは明らかである。

9．鷹と夔(キ)

夔は，その姿は牛に似て，一本足で角がなく（一説には有角)，その声は雷のようである。後に，黄帝に捕まって殺され，その皮は太鼓にされたという。『山海経・大荒東経』には，「東海の中に流波山がある。海上七千里の場所である。山の上に獣がいる。形は牛に似ており，青黒くて角がなく，一本足である。水中に入ると必ず風雨が起こる。その光は日月のようで，その声は雷のようである。名前を夔という。黄帝はこれを捕らえ，その皮で鼓を作り雷獣の骨で打ったところ，その音は五百里先まで聞こえ，天下に威を示した」とある。もしかして夔はかつて蚩尤の味方をしたことがあり，そのために黄帝に殺されたのかもしれない。『初学記』巻九所引の『帰蔵・啓筮』には，黄帝は蚩尤を殺した後，「㭉鼓之曲十章を作った」とあるが，その第五は「霊夔吼」である。『韓非子・十過』に「昔，黄帝が鬼神を泰山の上に集めたことがある。……鬼神を盛大に集めて，清角の曲を作った」とあるが，「清角」とは，いにしえの曲名だといわれている。ここから分かるように，楽律は部族連合の確立にともなって生まれてきたものである。

夔は楽律に精通していたと言い伝えられている。『呂氏春秋・仲夏紀・古楽』によれば，「夔は山林渓谷の音をまねて歌い，麋(オオシカ)の皮を土器にはって鼓を作った。また，石をたたいて上帝の玉磬の音になぞらえ，百獣の舞を踊っ

た」といい，また，『淮南子・泰族訓』によれば，「夔が初めて音楽を制作した時には，すべて六律に合い，五音を調和して，八方の風気に通じさせた」という。このため，「堯は夔に音楽を主管させ」[46]，「舜帝の楽官とした」[47] という。

　実は，夔とは部族連合のなかで代々楽律を主管した部族のトーテムにほかならない。楽律といってもけっして今日の音楽のことではない。太古の社会では，楽律は事実上軍法や軍令の役割を果たしていた。それは，ちょうど『易経・師』に「軍隊の出陣は律による（師出以律）」と書かれている如くである。要するに，軍隊の行動は号令を遵守しなければならないということである。律とは楽律，すなわち，鉦や太鼓の発する高低やリズムの異なるさまざまな音声のことであり，たとえば，後世の「鉦を鳴らして戦いを休め，太鼓を打って進軍する（鳴金収兵，撃鼓進軍）」という類である。『周礼・春官・大師』には，「大師は，同律をつかさどり，将士の発する声を聞いて勝敗の吉凶を告知する（大師執同律以聴軍声而詔吉凶）」とあるが，「同律」とは，鉦，太鼓，角笛のリズムに関する規定のことである。こうした号令には極めて大きな権威があって，誰もこれに違反することはできず，もし違反すれば刑罰に処された。

　伝説によれば，最古の陣太鼓は「皋陶」とよばれたが，それは長さや直径や曲がり具合の異なる胴木に皮を張って作ったものである。太鼓の大小や長短は一様でなく，太鼓を打つときに出る音の速さや音の伝わる距離もまちまちであった。「太鼓が大きくて短ければ，その音は鋭くて遠くには伝わらず，太鼓が小さくて長ければ，音はゆるやかで遠くまで伝わる」[48] というわけである。型の異なる一組の陣太鼓の発するこの音こそ軍隊の作戦を指揮する軍令，すなわち，「軍隊の出陣は律による」という場合の「律」にほかならない。時とともに，陣太鼓の名前であった「皋陶」は軍令の代名詞に借用されるようにもなった。こうして，夔の発明した「六律」と陣太鼓「皋陶」は密接不可分のワンセットの遺産となり，後世まで伝えられることとなった。

10．廌と神明裁判

春秋時代，斉の国では羊を用いて，疑わしく判決しがたい案件を裁断したことがある。たとえば，『墨子・明鬼』に次のような記事がある。

> 昔者斉荘君有所謂王里国，中里徼者，此二子者訟三年而獄不断。斉君由謙殺之恐不辜，猶謙（嫌）釋之恐失有罪。乃使之人共一羊，盟齊之神社。二子許諾。于是泄洫，㨿羊而灑其血。読王里国之辞既已終矣。読中里徼之辞未半也，羊起而触之……殪之盟所。当是時，斉人従者莫不見，遠者莫不聞。著在斉人《春秋》。

その大意は以下のとおりである。斉国の史書『春秋』にこんな記事が載せられている。二人の貴族が訴訟で争い，司法官は長い間その曲直の判断を決することができなかった。そこで，一匹の羊に裁決を任せることになった。その方法は訴訟の両当事者に誓約を立てさせた上で，誓約を立てた場所の両脇に立たせ，各自の訴えの内容をそれぞれ読み上げさせるというものである。その結果，第一の当事者の時には羊は何らの反応を示さなかったが，第二の当事者が訴えを読みあげたとき，羊が突進し，角でもってこの当事者をその場で突き殺した。斉は魯と同様，現在の山東一帯で，まさしく皋陶の故郷である。このような奇妙な裁判方法は，古めかしい神明裁判の残存というよりもむしろ先祖たる皋陶（すなわち廌）に対する帰依や郷愁の念のあらわれだとみたほうがよい。

11．廌と麒麟

廌の姿が牛や羊や鹿に似ているというのは，外見上の類似である。他方，麒麟と廌とはその性質までがそっくりである。麒と麟は同類で，「雄を麒といい，雌を麟という」[49]。『説文解字』には，「麒は仁獣である。胴体は麇，尾は牛に似る。一角で，鳴き声は鹿に似る（麒，仁獣也，麇身，牛尾，一

角，従鹿其声）」とある。「仁獣」だとの説は，『春秋公羊伝』哀公一四年に「麟は仁獣である。有徳の王がいれば出現するが，いなければ現れない（麟者仁獣也，有王則至，無王者則不至）」とあることに由来する。何休はこれに「姿は麋に似ており，肉の付いた一角がある」と注している。古代には，「仁」と「夷」の二字はしばしば通用されていた[50]。だとすれば，「仁獣」は「夷獣」に相当する，すなわち，中原の動物ではないということになる[51]。ところで，ここでの「夷」は，古義における夷を指している。「小篆の夷の字は，大と弓からなり，現在の夷の字もここから来ている。大とは人，人とは夷のことである。夷人は弓矢をよくする。この字が人と弓からなっているのは，まさしく指事文字である」とか，また，「夷の字が矢と弓からなるのは矢と弓が夷人によって造られたからである」[52]などといわれている。古くは夷人は現在の山東一帯に居住していたが，そこはまさしく蚩尤や皋陶の故郷である。『説文解字』羊部には，「東方の貉は豸からなる（東方貉従豸）」とか，「夷は東方の人のことである。大と弓からなる（夷東方之人也，従大従弓）」などとある。廌は鹿に似ており，麒麟は鹿の仲間である。両者はいずれも一角である。廌は不正な者を突いて，公正をつかさどり，麒麟は「仁義を備え，鳴き声に音律があり，歩行や仕草は規則正しく，場所を選んで土を踏み固め，平らにした後そこに居す」[53]といわれる。これらのことからみると，廌とは麒麟のことである。春秋時代には，「西方で狩りをして，麟を獲た（西狩獲麟）」[54]といわれ，漢の武帝は「西方に巡狩して白麟を得たが，一角で蹄が五つに分かれていた（西巡狩，得白麟，一角而五趾）」[55]という。また，『淮南子・覧冥訓』には，「昔，黄帝が天下を治めたときには」，「法令が厳正でかつ曖昧なところがなかった（法令明而不暗）」ので，「麒麟は郊外でのんびり遊んでいた（麒麟游于郊）」とある。麒麟こそは，廌のことだったのではないか。

12．廌と法冠

『史記・夏本紀』によれば，「皋陶の死後，その子孫を英および六という

所に封じたが，その子孫のある者は（河南の）許に居住した（皋陶卒，封皋陶之後于英，六，或在許）」という。また，『史記・楚世家』によれば，「六と蓼は皋陶の子孫である（六，蓼，皋陶之後）」という。許とは舒のことで，群舒（舒鮑，舒蓼，舒龔，舒庸，舒龍，舒鳩）という。英，六，蓼，舒ははじめ山東にいたが，後に，周人の圧迫を受けて南遷し，春秋時代には現在の安徽省六安，舒城一帯に居住して，土着民の底堅族となかよく暮らした。皋陶の末裔は自ずと鷹をトーテムとし，一族のシンボル・マークとし，代々これをまつってその火を絶やすことがなかった。

しかし，いいことは長くは続かない。北の狼を避けたと思ったら，西から虎がやって来た。楚の兵が次第に接近してきたのである。楚の成王二六年（紀元前646年），楚は六，英の二ヵ国を滅ぼした。楚の穆王四年（紀元前622年），楚は再び六国，蓼国を滅ぼした。楚の荘王三年（紀元前611年），楚は庸国（＝舒庸）を滅ぼした。楚の荘王一三年（紀元前601年），楚は再び舒蓼国を滅ぼす。楚の共王一五年（紀元前576年），楚はまたも舒庸を滅ぼす。楚の康王一二年（紀元前548年），楚は舒鳩国を滅ぼす。1世紀にわたる攻防の末，皋陶の末裔と土着の庭堅族はついに国を失い，楚に帰順した。『左伝』文公五年の記事によれば，「臧文仲は六と蓼が滅びたと聞いて，『皋陶と庭堅は滅亡して祭られることもなくなった。二国の君が明徳を立てず，そのため民の援助もなかったとは，哀しいことだ！』と述べた（臧文仲聞六与蓼滅，曰：皋陶，庭堅不祀忽諸。徳之無建，民之無援，哀哉！）」と伝えられている。つまり，皋陶と庭堅の位牌は，この時から祭る者がいなくなったというのである。

実は，楚と庭堅はもともと出自が同じで，いずれも顓頊高陽を始祖として奉っていた。屈原『離騒』の最初の句には「私は高陽帝の子孫，わが亡き父の名は伯庸という（帝高陽之苗裔兮，朕皇考曰伯庸）」とある。また，『左伝』文公一八年の記事には，「昔，高陽氏に八人の才子がおり」，「明（明瞭），允（信守），篤（厚道），誠（誠実）にして，天下の民はこれを八愷[訳注6]と称した（明允篤誠，天下之民謂之八愷）」とある。この八人の中に庭堅が

おり，また庭堅族と皋陶の末裔とは長い間交際するうちに，融合して一つになっていた。こうした事情があったために，戦勝した楚は彼らに対してなんら仇をなすようなことはなかった。

　楚王は皋陶の末裔を滅ぼしてしまうと，すぐに戦利品を王宮の中に陳列し，いつも手にとって賞翫した。その中に鷹の姿がはめ込まれた帽子があったが，それはとても珍しく，精緻で美しいものであったので，しばしば頭にかぶっていた。そのうちに，この帽子は「楚王冠」とよばれるようになり，楚人はこの冠を愛用した。その証拠に，『左伝』成公八年の記事には，「南方の冠を着けて繋がれている者（南冠而繋者）」とは，「鄭から献上された楚の捕虜のことである（鄭人所献楚囚也）」といわれており，『後漢書・輿服志下』には「法冠は，一説に柱といい，高さは五寸。鉄製の柱状のものが付いた円形のかぶり物で，法の執行者がこれを着す。……あるいは獬豸冠という。獬豸は神羊で，曲直を弁別できる。楚王はかつてこれを捕らえ，これを冠に用いた」56)とある。また，『晋書・輿服志』には，「獬豸は神羊で，邪悪な者を突く能力をもつ（獬豸，神羊，能触邪佞）」とあり，『異物志』には，「北の荒野に解豸という一角獣がいる。生まれながらに曲直を見分け，人が闘うのを見ると不正な側を突き，人が言い争うと聞けば，不正な者にかみつく。楚王はかつてこの獣を捕らえ，その形に似せて衣冠を作った」57)とある。鷹の姿は，知らないうちに皋陶の末裔の祭壇の上から楚王の頭上へと移動したが，これは実に絶妙な「昇華」であった。

　秦は，「法の重視（尚法）」で有名であり，鷹とは何物であるかについて自ずからよく理解していた。秦王政の二四年（紀元前223年），秦は楚を滅ぼし，楚の王宮の宝物を奪い尽くしたが，かの鷹の姿のはめ込まれた冠は秦の都に送られた。秦は嬴姓で伯益の子孫であり，少昊を白帝として奉っていた。皋陶は偃姓であるが，段玉裁の考証によれば，嬴と偃はもとは同一の字である。したがって，皋陶はまた秦の先祖にもあたるのである。いま楚の王宮で皋陶の子孫の遺物が発見されたことは，貴重な宝物を得たようなものであった。鷹が蚩尤（さらには皋陶）のトーテムもしくは一族のシ

第1章　伝説時代の法文化

ンボル・マークであり，また，それが訴訟の判断に長じた一角獣であることにかんがみ，秦王は廌の姿のはめ込まれた冠を司法事務を担当する御史に賜った。『史記・淮南王安列伝』には，「淮南王劉安は奴隷を宮殿に閉じこめ，皇帝の玉璽や……漢の使節の法冠などを作った（于是王（劉安）乃令官奴入宮，作皇帝璽……漢使節法冠）」とあり，その『集解』には，「蔡邕いわく。法冠とは楚王の冠である。秦が楚を滅ぼし，その王冠を御史に賜った（蔡邕曰：法冠，楚王冠也。秦滅楚，以其君冠賜御史）」とある。廌の姿のはめ込まれた冠は法官の冠となって，やんごとない場所に登場したのである。

秦が滅び，漢が興ったが，漢は秦の旧制を継承した。漢軍は秦の都を占領したが，蕭何のように卓見のある者が秦の王宮所蔵のあらゆる文献・書物を手に入れて，これを国を治めるための道具に用いた。広大な大国を治めるために，漢は秦の法律，官制ばかりでなく，輿服（乗物と服装）の制も踏襲した。このため，漢代の法を執行する官吏は，依然として廌の姿をはめ込んだ法冠（獬冠，豸冠などともよばれた）をかぶっていた。『淮南子・主述訓』には，「楚の文王が好んで獬の冠をかぶると，楚の人々はこれにならった（楚文王好獬冠，楚效之也）」とあり，漢の高誘はこれに「獬豸之冠とは今の御史冠である」と注している。こうしたことに加えて，さらに皋陶および廌の姿が官衙の正面の壁面に描かれ，これによって荘重かつ正義の気が強調され，きわだたされていた。東漢の王充の著した『論衡・是応』には「今日の役所には皋陶や觟䚦の絵が掲げられているが」，「觟䚦は一角の羊で，有罪のものを見分ける性質がある」と記されている。同じく東漢の許慎の著した『説文解字』には，「灋，今文は省略して法に作る（灋，今文省作法）」とある。廌が古めかしい灋の字の中から逃げ出したときには，それは法の執行にあたる官吏の法冠の上や官衙の入り口の影壁面ですでにひそかに数世紀も生きてきており，一般庶民はそれを見ても，見慣れてしまって驚きもしなかった。それは一幅の無形の歴史絵巻であり，無言の叙事詩であって，人々に往昔の歳月を訴えているのである。

唐代にいたるまでずっと，豸冠は御史の冠であった。岑参の詩に「朝廷に参内して天子に拝謁するにあたり，豸冠を整えて威儀をただす（聞欲朝龍闕，応須拂豸冠）」[58]とうたわれ，『唐会要・御史台・弾劾』に，「乾元二年四月六日御史台に勅令が出された。参内して弾劾を行おうとする時は，必ずしも前もって文書を提出する必要はないが，豸冠を着用せねばならない。……（旧制では）大事の場合は豸冠をかぶり，朱衣，薫裳，白紗を着し，単独で弾劾するが，小事は常服着用でも構わない」[59]と記されているのは，その証拠である。

　その後，廌の姿はさらに多くの場面に登場する。たとえば，司法官員の墓壁の上，帝王の陵墓の参道の脇などである。さらに，それはめでたい獣と考えられて，宮殿の反りひさしの上に据え付けられ，人間社会の営みや世の移り変わりを眺めてきた。

　廌という不思議な古めかしいトーテムは，それが生まれた時代から，すぐに正義と威厳の象徴となり，中華各民族の人々から共同の法文化財とみなされて，存続してきたのである。

第2章 「神治・任意法」時代の法文化

　夏・商は中国の奴隷制が確立し，一応の発展を遂げた時期である。夏朝については同時代の文献資料でじかに検証することはできないが，後代の文献によって，夏朝が疑いなく存在したことは証明できる。商代からはすでに十分に成熟した文字が存在した。甲骨文字がそれである。このため，現在の研究状況に照らしていえば，文字記録のある歴史は商代から始まる。

　商代には，宗教思想と神権思想が最も主要な中核的イデオロギーであった。それらの思想は当時の奴隷制度の理論的基礎であり，また法実践活動の最高原則でもあった。

第1節　天命を受け，謹んで天罰を行う

　商代の人びとの意識の中では，「上帝」は至上の人格神であった。それは多くの神々の中の最高位の存在であり，比類なき威力を備えていた。それは風・雲・雷・雨・霜・雪・曇・晴等のあらゆる自然現象を支配し，さらに，人間社会の禍福をもつかさどっていた。「帝」の周りには，「帝史」，「帝臣」，「帝五臣」，「四方」神などの神々がいたが，彼らは「帝」の下僚や臣下である。これら天の神々の等級は人間世界の等級の反映にすぎない。なぜなら，人々はいつも現実世界の姿をもとに神の世界を形作るものだからである。

　商代の人々は自分たちの祖先神を「王帝」とよんだ。「王帝」は「上帝」の左右にあって共同で人類社会を支配する。但し，商人は「上帝」と血縁関係がなかったために，商人が占いを行う際にはいつも「王帝」に対して

指示を請い,「王帝」はこれを「上帝」に取り次いだ。祝と史が占いをつかさどる神職者で, 商王とともに人間界と鬼神との交流のルートを一手に握っていた。

商代の宗教観念は二元的で,「鬼」と「神」とを信じていた。「鬼」とは亡くなった先人や先祖であり,「神」とは至上の人格神である。これが中国古代の宗教観念の一大特徴である。ある意味でいえば,「鬼」は一種の「神」を束縛する存在である。人間世界の帝王が祖先神をよりどころとして「半神化」されたときには, 王権の上にさらに至高無上の教権を作る必要はない。このため, 中国古代においては, 教権は常に王権のために奉仕するのであり, 他方, 王権は一切を凌駕したのである。

商朝後期には祖先神と至上神は結合して一体化し, 商の紂王は「帝辛」と自称した。西周初期になると, 再び伝統的な二元神観念が復活し始めたが, 一元神観念であるか二元神観念であるかにかかわらず, 統治集団はつねに自己の統治権や立法・司法権をそれが神の意志によるものであると説明した。このような情況のもとで, 時の政権や法律に背くあらゆる行為はすべて鬼神や天帝に背く極悪の大罪とみなされた。

商の統治者は自らの統治を天の意志であると説いた。「殷は天命を受けた (有殷受天命)」[1] というわけである。彼らはまた自己の立法, 司法についてもそれが天命に基づくものだと説いた。

商の湯は夏の桀を伐ったが, このとき『湯誓』を作成し,「夏は多くの罪を犯したため, 天がその誅殺を命じた (有夏多罪, 天命殛之)」,「夏氏には罪がある。私は上帝を畏れるので, 征伐に行かないわけにはいかない (夏氏有罪, 予畏上帝, 不敢不正 (征))」,「お前たちは私が天罰を実行するのを助けなさい。……お前たちが誓いを守らなければ, 私はお前たちを奴隷にするか殺してしまい, けっして容赦しないだろう」[2] などと述べた。夏朝には罪があるので, 上帝はその征伐を命じた。我々は天の命令を執行すべく, 懸命に闘わねばならない。さもなければ, 制裁を受け, けっして許されないだろう, というのである。

商王盤庚は殷に遷ったが，このとき『盤庚』を作成し，次のように述べた。「古我先后既勞乃祖乃父，汝共作我畜民。汝有戕則乃心，我先后綏乃祖乃父。乃祖乃父乃断棄汝，不救乃死。茲予有乱政同位，具乃貝玉。乃祖乃父丕乃告我高后曰：'作丕刑于朕孫！'迪高后丕乃崇降弗祥」[3]。その大意は次のとおりである。かつて我が先王がお前たちの先祖を使役したことがあるからには，お前たちは当然我が帰順民とならなければいけない。お前たちがもし邪悪な考えを抱けば，（私はそれをすぐに我が先王に告げ，）我が先王はお前たちの先祖に告げる。そうすれば，お前たちの先祖はお前たちを見捨てて，お前たちを死罪の淵から救い出しはしないだろう。私には政務を治める大臣があり，神祇と交信するための宝物を掌握している。（ひとたび我が先王のところに知らせれば，）お前たちの先祖は一致して賛同して言うだろう。「早く我が子孫に懲罰を加えよ」と。そうすれば，我が先王は不吉をお前たちの頭上に浴びせるのである[訳注7]。

商人の心の中には二つの世界があった。それは神の世界と人間の世界である。人間の世界にあっては，商王は畜民[訳注8]を統治し，神の世界にあっては，商王の先王が畜民の先祖を統治していた。他方，畜民はまた彼らの祖先神に服従した。畜民が商王に違背することは自らの祖先神に違背することに等しかった。その場合は，商王の懲罰を受けるばかりでなく，将来神の世界に入る権利をも失うことになった。それは何と陰惨で恐るべき光景だっただろう。

第2節　辟と御鷹：「神意」と「人意」の統合

ある一つの時代における思惟活動およびその成果は，しばしば巧妙な方式でその時代の文字の上に凝縮される。文化史上のこの法則は，中国の象形文字の内に特にはっきりあらわれている。

商代の甲骨文字の中には「辟」の文字が多く見られる。『説文解字』によれば，「辟とは法である。尸と辛からなるのは罪を抑制するという意を表

し，口は法を用いる者を表す（辟，法也，従尸従辛，節制其罪也，従口，用法者也）」といい，『爾雅・釋詁』によれば，「辟とは君主のことである（辟，君也）」という。ここから分かるように，「辟」には二つの意味がある。その一は「法」であり，その二は「君主」であるが，この二義には密接な内在的関連がある。すなわち，法は君主の命令であり，君主は法を用いる者なのである。このように「辟」という文字は，二つの意味を兼ね備えている。

甲骨文字の卜辞中で「辟」が「法」の意味で用いられている例としては，たとえば，「惠王又作辟（惠王はまた法令を制定した）」[4]や「王聞惟辟（王が法令を発布してよいかどうかを聞く）」[5]などがある。西周・春秋時代にもまたこの用法を踏襲しており，その例としては，『詩経』の「無自立辟（みだりに法を立ててはならない）」[6]，『左伝』の「先王議事以制，不為刑辟（先王は妥当な先例や故事を選んで事案を裁断したのであって，成文法典を制定することはなかった）」[7]，「唯罪所在，各致其辟（罪のある者に対してのみ，それぞれ法による誅罰を加える）」[8]などがある。また，商代の「辟」の「君主」の意の用例には，たとえば，『尚書・洪範』所載の「唯辟作福，唯辟作威，唯辟玉食（君主のみが幸福をもたらし，君主のみが権勢を振るい，君主のみが美食を享受できる）」という箕子の言葉がある。

甲骨文字のなかの「辟」の字は，尸，口，辛の三つの部分からなる。尸とは祖先神を祭るとき，祖先神に代わって祭祀を受けるために用いられる同族の生け贄のことである。口とは言葉のことである。辛は上と干の二字からなるが，上とは祭られる祖先神のこと，干とは求，すなわち，こいねがうの意である。ここから分かるように，「辟」とは祖先神に対して報告し，指示を仰ぎ，さらに祖先神の命令や啓示を獲得するという宗教的活動の縮図である。それは，統治者が祖先神を祭る際に「尸」という媒介を通じて伝える祖先神の指示や命令のことであり，このような指示や命令こそ「法」にほかならない。そのうちに，この廟堂の上で祖先神の位牌のもとにいて，専ら報告し，指示を仰ぎ，命令の伝達を担当する「尸」は，統治者すなわち「君主」の化身となった。「辟」の字は「法」の代名詞であり，また，「君

第 2 章 「神治・任意法」時代の法文化 39

主」と祖先神の二義を兼ね備えているが，それはまさしく「人意」と「神意」が互いに結合した「任意法」というものを絶妙に概括して表現している。

甲骨卜辞の中に「御廌」の文字がある。1971年12月，安陽小屯西地殷墟で一組の完全に揃った牛の肩胛骨の占いの刻み文字，全10枚が発掘された。そのなかに「御臣」，「御廌」，「御牧」，「御衆」などの文字があったが，これについて郭沫若氏は考証して次のように述べている。

「御臣」，「御廌」，「御牧」，「御衆」などにいう「御」とは，治という字義，すなわち整頓するとか処理するとかいう意味である。「牧」と「衆」とは生産に従事する労働者で，いずれも被支配身分の奴隷であるが，「衆」は主として農民である。「廌」は，豸とも書き，存在するはずのない一種の怪獣――「解廌」の略称である。『説文』には「解廌，獣也，似山牛，一角，古者決訟令触不直者（解廌は山牛に似た獣で一角である。昔，裁判に際してその角で不正な側を突かせた）」とある。おそらく，古代の奴隷主が罪状につき判決するとき，牛の角の一本を切って，それを神秘化したのだろう。そのため，後世，司法官のかぶる冠は「解廌冠」と名付けられた。廌の字は宰（zai）と発音された。ここで宰と読むのは法を執行する小役人のことである。「臣」と「廌」はともに「牧」と「衆」を管理する支配者の手先である。注目すべきことは，「臣」と「廌」の字が一枚に一緒に刻まれ，「牧」と「衆」は別の一枚に一緒に刻まれていることである。ここにははっきり階級の差別があるのであって，奴隷制度は相当厳重なものであった[9]。

ここで我々が注意しなければならないのは次のような点である。第一に，「廌」は「牛の角の一本を切って，それを神秘化した」というような単純な人為的な産物ではない。もし人為的なものだとすれば，かえって神秘性がなくなってしまう。「廌」は先祖代々専ら司法を主管する氏族のトーテム符

号であって，黄帝から堯舜にいたるまで，脈々と継承された。それは輝かしい氏族のトーテムとして，皮革の上に描かれたり，岩肌に刻まれるといった形で，記憶にとどめられた。文字が誕生するにいたって，この古めかしいトーテム符号はやっと「廌」という文字へと簡略化された。なお，甲骨文字におけるこの字は，文字というよりもむしろ一幅の図画といったほうがよい。この図画はまさしくかの一角の神獣であって，その身体には古代人が代々継承した忠実な記憶が凝縮されている。第二に，商代の司法官は「御廌」と称したのであって，「廌」と称したのではない。「廌」が歴代の司法担当の氏族のトーテムであるからには，「御廌」は司法を処理するという意味であり，自然と司法官の名称になったのである。第三に，商代に「御廌」が法官の名称とされたのは，けっして偶然ではない。このことは商人がそれまでの法実践の成果を継承したということを示しているのであって，当然，その中には神判法の習俗も含まれている。春秋時代にもなお神羊裁判というものがあったが，それには必ず何らかの根拠があり，いずれも英雄的人物による即興の創作などではなかった。商代に「御廌」が法官の名称とされたことは，同時に，商代に司法専門のスタッフが生み出されたということも示している。これはまさしくこの当時，法文化が一層発展したことの表れであった。

第3節　立法・司法の手続き

「神治・任意法」時代には，立法・司法活動は、形式や手続きの上で、卜筮と一体化していた。このため，後世の儒家の経典『礼記』は過去を振り返って「亀による占いを卜といい，策によるのを筮というが，卜と筮とは，昔の聖王が民に日の吉凶を重んじ，鬼神を敬い，国の法令に従わせるための方法として設けたものであり，また民に物事の真偽を定め，遅疑を一決させるための，その方法として設けたものである。ゆえに，古語に『疑わしいことは，筮にかけたからには，もはや異論なく，その行事に良い日と

第2章 「神治・任意法」時代の法文化　　41

決めたからには，必ずその日に行う』という」[10]と述べている。

　当時の法実践活動はおおよそ以下の三つのポイントからなり，三段階の手続きを経て進められた。

　着想段階＝商王が立法，司法の問題について意見を提出する，もしくはある一件の具体的な政務案件や訴訟案件について，さしあたりの処理策を提出する。

　方策決定段階＝占い師が特定の方式や手続きにのっとって占いを行い，実行可能か否かの結論を出し，商王がこれを発布する。

　実施段階＝御薦が商王の発布した命令に基づいて執行する。もしそれが一件の立法であれば，御薦から各級政府機構に伝達される。

　甲骨文字のなかに，我々は実際の方策決定段階に関する記録を見つけることができる。いまそれらのうちのいくつかを例示すれば以下のとおりである。

　――占い：王は人々を平定してもよいかどうか？（貞：王途衆人）[11]
　――恵王はまた法令を制定した。（恵王又作辟）[12]
　――占い：王は法令を発布してはならないか，それとも発布してもよいか？（貞：王聞不惟辟，貞：王聞惟辟）[13]
　――この者を処罰してもよいか？（兹人井（刑）不）[14]

　甲骨文字のなかには，さらに実施段階に関する次のような記載もある。

　――百人を足切り刑に処すことについて，それでよいかどうかを問う。（貞：刖百）
　――足切り刑を用いようと思うが，これにより死亡する者があるかどうかを問う。（貞：其刖百人死）[15]

「任意法」の存在には歴史的必然性がある。任意法が存在する原因は，人々が過度に神に依存したからというよりも，むしろ人々が自らの判断が正しいかどうかについて自信をもてなかったからである。法実践活動が繰り返し行われ，経験が蓄積されるにつれて，ある種のかなり独立性の強い慣性に基づく力が日増しに前面に出てくるようになった。これこそ「任意

法」を否定する方向にはたらく要素である。この要素はひそかに勢いを増し，ついには「任意法」への弔鐘を打ちならしたのである。

第4節 「神治・任意法」の衰退とその遺産

　法実践活動にとって最も重要な点は，最適かつ実行可能な特定の行為モデルを設計し，さらにそれを社会生活の領域まで推し広め，それによって，その社会的価値を実現することにほかならない。このため，法実践活動はその本質上，一種の現実的かつ社会的な活動にほかならない。それは社会の各領域にまたがり，社会の一人一人の成員にまで関与が及ぶ。そうであるからこそ，それは徹頭徹尾，社会の各方面のさまざまな要因の影響や制約を受けずにはいられない。一つの行為モデルは，それがどんな神聖な方式で生み出され，また，どんなに威厳のある強制力によって推進されたにしても，いったん社会生活の客観的法則性に違背し，人々の普遍的な願望，要求，習慣，心理などに背けば，遅かれ早かれ必ず立ちゆかなくなってしまうのである。

1．「神治・任意法」時代の衰退

　「任意法」は，その形式についていえば，法実践活動の客観法則性に相反するものである。ある一つの立法，司法活動が進められようとしているとき，それは事実上二つに一つの選択に直面している。一つは占いを経ずにそのまま進めるというものであり，その二は占いを経て吉凶，可否を決するというものである。そして，当時の条件のもとにあっては，第一の選択肢は考えられないことであった。また，ひとたび占いを行えば，現れる結果は必然的に二つに一つである。凶即ち否か吉すなわち可である。このように法実践活動の客観法則性はすぐに神秘的偶然性の泥沼に引きずり込まれ，自らの本来の面目やパワーをなかなかはっきり示せないのである。

　但し，「任意法」を構成する要素のうち，「人意」と「神意」の両者はい

ずれも社会的存在のある種の反映であることに規定されて，一方が他方を完全に凌駕することはできない。はじめは「人意」と「神意」が互いに協力しあい，互いに制約しあうという循環が繰り返され，互いにいさかいもない。ところがその後，社会生活の複雑化や生活経験の蓄積につれて，「人意」は徐々にますます強く階級間の力関係といった社会環境からの制約を受けるようになった。こうした制約を受けて形を変えた「人意」は，自らを制約し後押しする力を利用して，今度は「神意」の抑圧とねじ曲げにかかった。このことがしばしば王権と神権の間の摩擦や矛盾をもたらすこととなる。ここにおいて「人意」と「神意」との間のバランスは打ち破られた。これがまさしく「任意法」が衰退に向かう第一歩である。「任意法」の神聖な砦についに一つの裂け目が現れた。そして，この裂け目から一連の新たな要素が不断に入り込んできた。

(1)「人意」の量的比重の変化

「まず自分の心に謀り，しかる後，卿大夫と相談する」

『尚書・洪範』に箕子の「汝則有大疑，謀及乃心，謀及卿人，謀及庶人」という言が載せられている。その意味は，執政中に重大な難問に遭遇した時には，まずじっくり考え，しかる後に卿大夫や庶民と相談すべしということである。このようにすることの意義は，占いの前にまず一つの最もよい方策を策定しなければならず，このためには必ず多くの人々と相談せねばならないということである。さもなければ，商王が提案権を独占して直接政策決定段階（占い）に進み，本来好ましくない方策を占いを経て通過させた後，これを無理矢理執行させることになるが，これは「神意」に対する一種の制限や排斥にほかならない。

(2)「人意」の「神意」に対する挑戦

「罪なき者を殺すよりは不正な者を逃すほうがよい」

『左伝』襄公二六年の記事によれば，「夏書」には「罪なき者を殺すより

は不正な者を逃すほうがよい（与其殺不辜，寧失不経）」とあるという。また，『尚書・大禹謨』には「罪を断ずるに疑義があるときは軽きに従い，功を賞するに疑義あるときは重きに従う。罪なき者を殺すよりは不正な者を逃すほうがよい（罪疑唯軽，功疑唯重，与其殺不辜，寧失不経）」という皋陶の言が載せられている。ここから夏人は司法のなかでかつて次のような選択に直面したことがわかる。すなわち，一人の被告について占いを経て死刑に処すとの結論となったが，司法担当者は被告には死に相当する罪はなく，死刑は不当であることをはっきり知っている。そのような場合は，どうすべきかという問題である。被告を殺して「神意」を遵守するか，それとも釈放して「神意」に背くか？ 夏人は思い切って後者を選択した。「人意」が「神意」に打ち勝ったのである。賞罰を行う際に「罪疑」や「功疑」といった状況に遭遇したら，「神意」の追求をきっぱりとやめ，「人意」によって処理する。すなわち，断罪は軽きに従い，行賞は重きに従うのである。

(3) 「人意」による「神意」の回避
　　　明は人に問い，疑は卜に問う
　箕子は「あなたが重大な疑義を持ったら，まず自分で考えて，しかる後，卿大夫と相談し，庶民と相談する。次いで卜筮を行う」[16]と述べている。人間同士での討論を経た後に確定された方策（の是非）については，もう神の指示を仰ぐ必要はない。指示を仰ぐのは，その方策が実施されるとどのような事態が生ずるかという点についてのみである。たとえば，支配者が繰り返し議論を経てある被告を肉刑に処すことを決定すれば，この明確な方策の是非についてはもう占いを行う必要はない。占われるのはただ肉刑実施以後の状況，たとえば，被告の逃亡の可能性，肉刑による死亡の可能性等々についてのみである。商王盤庚は「乃有不吉不迪，顛越不恭，暫遇奸宄，我乃劓殄滅之，無遺育」[17]と説いた。その大意は，もし品行が悪く，正道を歩まず，血迷って乱暴をし，詐欺や邪悪をはたらけば，私はお前を

第2章 「神治・任意法」時代の法文化

殺してしまい，子孫に誅罰を加えるというものである。この命令は明らかに卜筮に基づく結論ではない。もはや占いを行う必要はないのである。このように，「人意」と「神意」の共同支配する空間において，「人意」の領域が不断に拡充され，「神意」の領域は徐々に限られた範囲に制限されていくのである。

(4)「神意」の危機

「三人で占ったときには，そのうちの二人の言葉に従う」

箕子は「立時人作卜筮，三人占，則従二人之言」[18]と述べている。三人の卜史官を任用して占いをし，三人の占いの結論が異なる場合は，このうち二人の一致する結論を採用するというのである。確率的に言って，三組で吉凶を占えば，必ず二組以上が一致するわけだから，これは一種の方便である。厳密にいえば，「神意」は神聖かつ賢明なものなのだから，たとえ百人で同時に占ったとしても，その結論はすべて同様であるはずである。しかるに，三人の占いで二人に従い，一人を捨てるというときには，その捨てられた結論がまさか「神意」の真実の表示ということはないというわけである。こうしたやり方のなかには形式上は「神意」を尊重する一方で，暗に「神意」を否定するエネルギーが秘められているのである。

さらに次のような状況もある。たとえば，かつてある一つの案件について占いを経て処理したが，いままた同様の状況の案件に遭遇し，占いを経たところ前回とは異なる処理方策が示されたとしよう。このような場合，いずれの処理が正しいことになるのか？　また，もし，二度目の占いが依然として最初の占いと結論が同じだった場合，その後同種の案件に三度目の遭遇をしたとき，なおも占いを必要とするのだろうか？　さらに，三度目の結論がもし前二回の結論と全く異なればどうすればいいのか？　その場合は「三度の内二度の占いの結果に従う（三占従二）」ことにすればよいのだろうか？

ここにおいて，「人意」は困惑の中で独立した思考を開始するのである。

(5)「人意」の質的変化

「昏と墨と賊は死刑に処す」,「罪過があれば,同種の罪過に対する処罰の先例と比較対照して処罰する」

『左伝』の記事に「『夏書』に「昏と墨と賊は死刑に処す」とあるが,これは皋陶の時代の刑法である(《夏書》曰：'昏，墨，賊，殺'，皋陶之刑也)」とあり,さらに,叔向による「自分が悪いのに美名をかすめ取るのを昏といい,貪欲で官職を汚すのを墨といい,人を殺して平気でいるのを賊という(已惡而掠為昏，貪以敗官為墨，殺人不忌為賊)」[19]という解釈も載せられている。ここから夏代にはすでにある種の重大な犯罪行為に対して所定の刑罰に処するための安定したモデルが形成されていたことが分かる。このようなモデルは,どのような筋道を通じて誕生したかにかかわらず,いずれもすでに占いを経ずとも自明で誰も疑う者のない定説となっていた。

『尚書・盤庚』には「有咎比于罰」とある。すなわち,罪過があれば,同種の罪過に対する処罰の先例と比較対照して処罰するという。この種の先例は,どのような方式を通じて生まれたものであれ,ひとたび成立すると,比較参照に資すべき明確で間違いのない価値を具備した。特にこの種の判例が占いを経て「神意」によって認められた場合には,こうした判例を参照して刑罰を行うこととなり,もはや「神意」を求める必要はないということが全面的に認められた。当時の人々はこれを「神意」を犯す行為だとみなすはずはなかったのである。

「人意」と「神意」がいかに偶然性を用いて邪魔しようとも,法実践活動自体の法則性は,結局抑えようのない形ではっきり姿を現してきた。それはかつては「神意」という飾り付けの恩恵を受けて,堂々と人々の目の前に現れた。人々は「神意」に服従すると同時に,無意識のうちに法実践活動の客観的法則にも従った。このような服従が,あるとき無自覚なものから自覚的なものに変化するならば,そのことは「任意法」時代の滅亡と一つの新たな時代の誕生を意味することになる。

2．「神治・任意法」時代の遺産：「刑名は商に依拠する」

『荀子・正名』によれば，「後王が名称を定めるに際しては，刑名は商に依拠し，爵名は周に依拠し，礼節に関する名称は周の儀礼に依拠した。……民衆は怪しげな言説に振り回されて正しい名称を混乱させるようなことはない。ゆえに，もっぱら法に依拠し，謹んで法令を遵守する」[20]という。荀子の論法に照らせば、法律制度の基本的輪郭がはじめて形作られたのは商代であるが，「刑名は商に依拠する（刑名従商）」というときの「刑名」にはおおよそ二つの内容が含まれている。第一は刑罰制度であり，第二は司法原則であるが，これらの成果は夏代の遺産の継承という基礎の上に発展し成立したものである。

『晋書・刑法志』によれば，「夏后氏が王者として天下に君臨していた時は，五刑に関する条項は三千あったが，殷の時代には夏の制度によりつついくらか増減があった（夏后氏之王天下也，則五刑之属三千。殷因于夏，有所損益）」といい，『隋書・経籍志』には「夏后氏の正刑は五種類あり，その関連条項は三千ある（夏后氏正刑有五，科条三千）」という。『周礼・秋官・司刑』にいう「五刑之法」は，鄭玄注では「夏刑大辟二百，臏辟三百，宮辟五百，劓，墨各千」とされており，全部で三千箇条を数える。古い文献や甲骨文からみると，商代は確かに夏代の刑罰制度を踏襲しているが，これがまさしく「殷は夏の礼制を踏襲した（殷因于夏礼）」といわれることの重要な内容の一つである。

夏代はかつて「罪なき者を殺すよりは不正な者を逃すほうがよい（与其殺不辜，寧失不経）」という司法原則を生み出した。この原則は「鬼神を迷信する」商代においては，抑圧されたり，放棄されたりしたものの，ついには後世に対してとても良い影響をもたらすことになる。

商代には人の任用は縁故者のみによるという宗法的世襲制[訳注9]が不断に整備された。『盤庚』には「昔，我が先王は旧くからの人のみを任じて共に政治を行おうとした（古我王亦惟図任旧人共政）」とあり，また，「人を用

いるには旧くからの人を求めるが，器物を用いるには旧いものではなく，新しいものを求めなければならない（人惟求旧，器非求旧，惟新）」とある。この精神は周人によって継承され，発揚され，体系的な「礼治」思想を形成した。

　商代の司法においては，「有咎比于罰」の原則が実行された。すなわち，罪過があれば，同種の罪過に対して加えた処罰の先例と比較対照して処理すべきものとされた。この結果，一連の判例および故事が生まれた。周代の人々は商に取って代わって後，商朝の大量の判例，故事を獲得するとともに，司法裁判のなかでそれを引用した。このため，『尚書・康誥』は，「スタンダードな判例，故事を整理し，殷の法を参照して刑罰を実行する（陳時臬事，罰蔽殷彝）」とか，「殷の刑罰中の妥当な先例を手本とする（師兹殷罰有倫）」などと述べている。これぞまさしく西周による先例遵守の原則の発端である。

　要するに，「神治・任意法」時代は豊かな法文化の成果を創造した。たとえそれらの成果が神秘的な外衣をまとい，盲目的な傾向を帯びていたとしても，それはひとたびより聡明で有能な後継者の手にかかるや，すぐにその生命力を輝かせ新しい時代を迎えに行くのである。

第 3 章　「礼治・判例法」時代の法文化

　中国の伝統法文化が発展を続け，西周，春秋時代にいたると，「神治・任意法」時代は終わりを告げ，「礼治・判例法」時代に入った[1]。宗法的家族制度を中核とする「礼」は，この時代に空前の政治的価値を獲得した。このことは以下の三点に表れている。第一に，「礼」は支配階級と被支配階級とを区分する指標となったばかりでなく，支配階級内部で権力の再配分を行うための基準ともなった。その政治形態上の表れが，「世卿世禄」とよばれる官職の世襲制度にほかならない。第二に，「礼」は支配的イデオロギーとなり，人々の思考様式を支配し，人々の心理構造を形づくったばかりでなく，さらに，当時の国家形式，すなわち宗法的貴族政体のあり方をも決定づけた。第三に，「礼」は立法，司法の指導原則となり，宗法的身分観念は国家権力の支持を得て強化され，法的権威を備えるにいたった。この結果，「礼」はしばしば法律もしくは法律よりステイタスの高いものとして現れることになったのである。まさにそれゆえに，西周，春秋時代はまた「礼治」の時代と呼んでもよい。

　「礼治」思想を政治生活の領域において集約的に体現したものが貴族政体にほかならない。貴族政体は法実践活動に対して直接巨大な影響を及ぼし，その結果，立法や司法の領域における「単項立法」[2]の制定や，先例，故事の遵守といった一連の特徴を決定づけ，また法実践活動を構成する全体的な様式を決定づけたのである。我々はこれを「判例法」と称している。

　もし「礼治」が「神治」に対する否定を意味するとすれば，「判例法」は「任意法」を止揚したものである。「礼治」および「判例法」の確立は，「人間」の「神」に対する戦いの勝利を示しており，法実践活動の客観的法則

に対する古代人たちの最初の自覚を示しており，古代人たちが初めて自らが法実践活動を制御する主体であることを認識する高みにいたったことを示している。一言でいえば，伝統法文化がすでに新たな発展段階に歩を進めたことを示している。

春秋後期には，経済や政治の変革の深まりにともなって，「法治」という新たな思潮が台頭し，「成文法」という新たな法律様式もこれにともなって興隆することとなる。そして，これらはいずれも「礼治・判例法」時代の衰退と終結の前触れであった。しかし，その後長い歳月の間，「判例法」時代の優れた遺産は依然として頑強にその生命力を保ち続けた。それは根絶されることがなかったばかりでなく，むしろ徐々に復元され，壮大なものとなり，ついには一つの安定的な法文化構造を醸成していったのである。

第1節 「鬼神の迷信」から「人事（人の能力）の重視」へ

商代における「任意法」の思想的基盤は「神治」観念であった。その後，神権は動揺し，つまずいて立ち直れなくなった。商代が「鬼神を迷信し，人事を重んじない」時代だったとすれば，西周は「鬼神を信じ，あわせて人事を重んずる」時代であり，また，春秋は「鬼神を信じず，人事を重視する」時代であった。西周や春秋時代には，伝統的な鬼神観念は「徳」や「仁」の思想による衝撃や批判を受けた。これこそイデオロギー領域における「任意法」の思想基盤との決裂の第一歩であった。それと同時に，「礼」が虚を突く形で鬼神の玉座を占拠し，当時の社会イデオロギー上の重要な基礎となった。それは当時の政体——貴族政体を形作ったばかりでなく，法実践活動の内容や方式をも左右した。

ある一つの時代の精神のかたち，すなわちその時代の基本思想は，同時代の法実践活動に極めて大きな影響を及ぼし，かつそれに制約を与えている。もしかりに商代の「神治」思想が「任意法」の思想的基盤だったとすれば，西周や春秋時代の「判例法」はまさしく鬼神を軽んじ，人事を重ん

第3章 「礼治・判例法」時代の法文化

ずるという基本精神に適合するものである。

1．殷商：鬼神を迷信し，人事を軽視する

「殷代の人は神を尊び，為政者は人民を率いて神に仕えた（殷人尊神，率民以事神）」[3]という。あらゆる大事，たとえば収穫の豊凶，戦争の勝敗，城邑の建設，住民の移住，官吏の任免，奴隷逃亡の有無，刑罰執行の是非，等々は，すべて占いを通じて祖先神や至上神の指示を仰がなければならなかった。特に，（祖先神と至上神の一体化した）唯一の至上神という観念の発生後は，商王は至上神の息子をもって自任し，神意に従順でさえあれば，何の問題もなく，自らの支配を維持できると考えていた。このため，人事（人間の能力）を軽視し，「農夫たちの苦労を知らず，平民の労苦も理解せず，ただ楽しみにふけるのみであり（不知稼穡之艱難，不聞小人之労，惟耽楽之従）」[4]，「民衆が蜂起して，君主に敵対しはじめる（小民方興，相為敵仇）」[5]という厳しい形勢に直面しても，見て見ぬ振りをし，ひいては，大軍が城下に迫っても，なお「我が生は天命に基づくものだ（我生不有命在天）」[6]と堅く信じていて，ついに滅びた。

2．西周：鬼神を信じると同時に，人事を重んずる

周人は臣下の身分で上帝の子たる商人の支配に取って代わった後，イデオロギーの領域で難題に遭遇した。それは，いったい天命は存在するのかしないのか？　もし存在するとすれば，では天命を保有していたはずの商人はなぜ滅亡したのか？　もともと天命の存しない周人だったのなら，なぜ勝利を手にしえたのか？　などという疑問である。結局，周公を代表とする西周貴族支配集団は，天下の民衆の偉大なパワーを目のあたりにし，商人が神祇を迷信して国を滅ぼしたという教訓の中から「天は頼りにならない（天不可信）」[7]，また，民を軽んじてはならないという道理を悟った。こうして，彼らは「徳行によって天命を獲得する（以徳配天）」[8]という君権神授説を打ち出した。これによれば，天（上帝）とは至上神のことであ

るが，それはある一つの民族に帰属するものではなく，天下の各民族が共にいただくものである。また，天が天命をどの一族に与えるかは，その一族が「徳」を備えているかどうか，すなわち，天下人民の支持を得ているかどうかによる。天が天命を「徳」のある民族に与えると，その民族の祖先神は上帝に陪席する資格を得，「上帝の左右に仕える（在帝左右）」ことになる。そこで，長く天命を保つためには，必ず「徳」を備えなければならない。そして，「徳」を備えるためにはまた，天下人民の支持を得なければならない。このようにして，周人の「徳行を敬い人民を保護し（敬徳保民）」，「徳を発揚し刑罰を慎む（明徳慎罰）」[9]という思想が形成された。周人は「徳」を伝家の宝刀として，天命を商人の手中から奪い取った。しかし，彼らはこんどは「徳」による束縛を受けることとなった。「神」と「徳」とが周人の思想の二つの重要な支柱を構成したのである。

3．春秋：鬼神を信ぜず，人事を重視する

春秋以降，政権の担い手は下級の者へと移行する。天子は実権を失い，政権は諸侯の手に移り，大夫がその国政を執り，政権はその家門の手にわたった。人間界の帝王の勢力喪失と天上の神祇の権威失墜とは手を携えて同時進行し，互いに因果をなしあっていた。上帝は君主の地位を確保できないばかりでなく，人民に幸福をもたらすこともできなかった。このため，位の高い者も低い者もともに国政の実務の方に力を入れ，神祇に関する事柄に身を入れなくなった。政治が乱れる中で，「国人（国の民）」の一挙手一投足が重要な鍵を握ることとなった。このために，「重民（民の重視）」思想が興ったのである。たとえば，「国が興るときは民意にしたがい，亡びるときは神意をあてにする（国将興，聴于民，将亡，聴于神）」[10]とか，「民は神の祀り手なので，聖王はまず民を安定させてから，神を祀ることにつとめる（夫民，神之主也，是以聖王先成而後致力于神）」[11]とか，「まだ人に事えることができないのに，どうして神霊に事えられよう（未能事人，焉能事鬼）」[12]とか，「人として当然のことを行い，鬼神を敬して遠ざける（務民

之義,敬鬼神而遠之)」[13] などと言われた。そして,「民を豊かにし(富民)」,「博く民に施し(博施于民)」,「民を教化する(教民)」ことを主要な内容とする「仁」の学説と「徳によって刑罰を不要なものとする(以徳去刑)」という思想[14]の登場は,支配階級と被支配階級の同一性(相互に依存し相互に転化しあう関係)に関する当時の支配階級の認識が,空前の高みに到達していたことを示している。

第2節 「礼によって国を治める(為国以礼)」という「礼治」

孔子は「殷は夏の礼制を踏襲し,両者間に幾分の増減の変化はあるが,大綱は変わらないことが知られる。また,周は殷の礼制を踏襲し,両者間に幾分の増減の変化はあるが,大綱は変わらないことが知られる(殷因于夏礼,所損益,可知也;周因于殷礼,所損益,可知也)」[15]と説いている。また,「周は夏・商二代に鑑みて制度をつくったため,その文物制度は香り高い(周監于二代,郁郁乎文哉)」[16]とも述べている。孔子は古代の制度文物の整理と研究を経て,周礼は夏商の礼を継承し,これに一層の磨きをかけたものだという結論を得たのである。

礼は家父長制時代の産物である。その社会的意義は,家父長の特権や宗法的身分制度を擁護する点にあった。「礼」という字の原義は祖先神を祀る宗教儀式のことであるが,後に転じて神権的な語感を有する行為規範の意味となった。「鬼神を迷信する」夏商二代においては,「礼」は神権化された行為準則であった。周公は「礼を定め楽を作った(制礼作楽)」[17]が,夏・商二代に鑑みて,いささか変更を加え,「礼」の社会的内容を不断に豊富なものとし,さらに,これを神権による束縛の下から相対的に独立させた。そして,それを神権思想に引けを取らない支配的な地位を占める社会意識とした。これがすなわち「礼の精神によって国を治める(為国以礼)」(『論語・先進』)という「礼治」の精神である。

「礼治」は一種の社会意識であるが,それは礼の精神にのっとって国家の

政治，経済，文化活動などを支配するよう求める。「礼治」はかつては「神」の助けを借りて自らの権威を高めたけれども，実のところ，「礼治」は「神治」とは異なる。「神治」は「神」の姿に照らして社会を描くのに対し，「礼治」は「人」の姿に照らして人間界を説明するのである。「礼治」思想が社会における支配的思想となったことは，まさしく「人間の能力を重視する」という社会思潮の成果の一つである。

　「礼」の基本精神は「親親」と「尊尊」[18]である。「親親」とは，自分の親族を親愛することで，親愛の程度や方式は親愛する者と親愛される者の間の血縁関係の如何によって決定される。自分に最も親密な親族を最も愛さねばならないわけだが，最も親密な親族の最たるものは自分の父親である。ゆえに，「親親は父を第一とする（親親父為首）」となる。「尊尊」とは，高貴な地位の人を敬いこれに服従することである。その程度はお互いの社会的地位によって決定される。最も高貴な者を最も敬愛せねばならないが，最も高貴な者とは国君にほかならないのであるから，「尊尊は君主を第一とする（尊尊君為首）」[19]となるのである。

　「礼治」の国家政治生活における集約的な表現は「親と貴の一体化」した宗法的貴族政体である。西周初期，天下に封建の制がしかれ，「諸侯を任じ，藩屏とした（封侯樹屏）」。周の天子は全国の土地をその土地の住民とともに，周の天子との血縁の親疎という基準をもとに，同姓の諸侯および功労のあった異姓の諸侯に分け与え，彼らの各々に自らの封地内において，政治・経済・軍事・法律等に関する一連の大権を掌握させた。同姓貴族と異姓貴族はまた，「同姓不婚」（『国語・晋語四』）の原則の下で，婚姻を通じて政治同盟を結成した。各諸侯もまた，同じやり方で，諸侯との血縁関係の親疎という基準をもとに，土地と人民を下級貴族に分け与えた。このようにして，全国に大小とりまぜて何千何万という独立王国が形成された。ここでは，血縁の親疎の等級と政治上の尊卑の等級とは結合して一体化し，「親親」と「尊尊」とは少しも違うところはなかった。名目上，下級は上級に服従せねばならず，諸侯は天子に服従せねばならず，天子は全国の土地と

臣民の最高支配者であった。「天下の土地はすべて王の領土であり，四海の内の人はすべて王の臣下である（溥天之下，莫非王土，率土之濱，莫非王臣）」[20]というわけである。しかし，実際には，貴族たちが実権を掌握していたために，紛争が生じた際には，けっして一片の法律・法令がその解決に功を奏することはできず，そのため，紛争が生じるたびに武力闘争が絶えなかった。これこそ「刑は大夫に及ばない（刑不上大夫）」[21]という言葉が本来意味していた事態の一つにほかならない。

「礼治」は当時の政治生活上の最高規範となり，「政は礼によって達成される（政以礼成）」[22]といわれた。諸侯には周の天子に対する朝覲の礼があり，諸侯の間には交聘の礼があり，先祖の祭祀には宗廟の礼があり，部隊の訓練には軍礼があり，……というわけで，「礼也」と「非礼也」が，この当時における事物の是非曲直を弁別するためのほとんど唯一の用語となった。春秋以後になると，「礼が崩れ楽が壊れる（礼崩楽壊）」とか「非礼」とかいわれることが次第に多くなる。たとえば，「初めから土地を基準に徴税するのは伝統的な礼制に反する（初税畝，非礼也）」[23]；臣下の身分で君主を呼びつけるのは非礼である；本来同姓の一族に由来する諸侯同士が，戦争後互いに俘虜を奴隷とするのは非礼である；他人の土地を奪ってその持ち主に返さないのは，非礼である；刑鼎を鋳るのは非礼である……等々。このように，「非礼」の声が盛んに耳にされるようになったのは，まさしく「礼治」時代の衰退の兆候である。

「礼治」の法律の領域における表れは，法規範の宗法化である。たとえば，「不孝不友」，すなわち，「子が父に孝行せず（子不孝父）」，「父が子を慈しまず（父不字子）」，「兄が弟に親しまず（兄不友弟）」，「弟が兄を敬わず（弟不恭兄）」等の行為は，「元悪大憝」，すなわち極悪の罪とみなされて，厳しい制裁を受けねばならなかった。「これに刑罰を加えて赦すことがない（刑茲無赦）」[24]というわけである。後世の『孝経・五刑章』に「五刑に相当する罪は三千を数えるが，罪責が最も重いのは不孝である（五刑之属三千，罪大莫大于不孝）」とあるが，その始まりはまさにここにある。

周の天子が天下に君臨する下での宗法的貴族政体が，当時の法実践活動の一連の特徴を決定づけていた。その中で最も主要な点は，マクロ次元における統一とミクロ次元における独立との併存，すなわち，全国的な法実践活動の重大な基本原則上における統一性と各諸侯国の立法，司法の相対的独立性とが同時に存在していたということである。この特徴は，西周が統一国家政権であったこと，各諸侯国は頻繁に相互に往来していたこと，および各諸侯国が相対的に独立した統治権と各々の民族の歴史的伝統や地理的環境を持っていたこと等の要因がもたらしたものである。当時の具体的条件の下では，周王朝であれ各諸侯国であれ，いずれも統一的かつ詳細で完備された法規範を制定することは不可能であり，かつその必要もなかった。法実践活動は各々の権力の手の及ぶ生活範囲内で，各自の伝統と習慣を基準にして行われていた。このような伝統と習慣が，ついには「先例を守る（遵循先例）」「判例法」へと発展変化したのである。
　春秋後期には，社会変革の深化にともない，「法治」は不断に「礼治」を突き破り，郡県官僚制が次第に世卿世禄制（官職世襲制度）に取って代わり，「成文法」が日増しに「判例法」を弱体化させた。「法治」思想，郡県制度および「成文法」は，「礼治・判例法」時代の墓掘人であったばかりでなく，「法治・成文法」時代の定礎者でもあった。

第3節　「判例法」の全体像（1）

　「判例法」は宗法的貴族政体の所産である。貴族政体の下では，各諸侯国は一連の相当独立的な権力を具備していたばかりでなく，各々がその民族的，歴史的かつ文化的な伝統をも保持していた。他方，宗法上の血縁関係のネットワークが権力の再配分の方式を決定づけていて，各級貴族や官吏（司法官を含む）の地位は世襲され，子が父の業をつぎ，代々それが継承された。そして，このことが当時の法律活動の基本的特徴を作りあげた。地域的な多様性と歴史的な連結性とがあいまって「前車の通った跡を後車の

道とする(前車後轍)」ことや「先例の遵守」を立法や司法の主要原則とさせたのである。これが「判例法」というものである。「判例法」は,「任意法」を否定するものであったが,それは古代の人々による,実践をつうじて法律活動の客観法則を探求するという偉大な試みであった。そして,それは後世のために貴重な法文化遺産を残してくれた。

1. 御鷹から御事へ:判例法の誕生

「任意法」時代の司法官は「御鷹」と称され,かなり神権的色彩を帯びていたが,法実践が長い間続けられているうちに,「任意法」にとっての否定的な要素が発生してきた。たとえば,ある一つの案件の審理に際して,かつては占いを経て判決を行った。ところが,その後再び同種の案件に遭遇したとき,今度は占いは行わずに,直接旧例を参照して判決を行うようになった。すなわち,『盤庚』にいうところの「罪過があれば,同種の罪過に対する処罰の先例と比較対照して処理する(有咎比于罰)」という方法がとられるようになった。このようなやり方は,たとえ,それがある種の例外とされ,また「神意」というベールに覆われて神意の支配を脱しきれていなかったとしても,ある角度からみれば,すでに「判例法」となっているのである。

武力にうったえて殷朝を倒した「小邦周」[25]が初めて王位についた後に直面したのは,乱れに乱れた広大な大国であった。周人は冷静かつ現実的に「商の政治に従い,旧来の制度を採用する(反(返)商政,政由旧)」[26]という基本的国策を定めた。彼らは政務や司法を処理するに際して,殷人の実施例(成事)や判例を参考にし,これと比較対照するよう心がけた。まさしく,『尚書』に「はじめて殷の礼を行う(肇称殷礼)」[27],「スタンダードな判例,故事を整理し,殷の法を参照して刑罰を実行する(陳時臬事,罰蔽(比)殷彝)」,「殷の刑罰中の妥当な先例を手本とする(師茲殷罰有倫)」[28],「まず殷の判例や成事を参照し,しかる後,我が周の判例や成事を比較参照する(先服殷御事,比介于我有周御事)」[29]などといわれているとおりであ

る。周人は，殷人の典籍中の神権的・迷信的な形式を放棄し，周人による支配を擁護するために有利な内容を取り入れて，それを運用した。内容が確定すると，それに適合的な形式を選択しなければならない。そこで，周人は政務官や司法官にちょうどそれにふさわしい名前を付けた。それが「御事」である。

「御事」の「御」は管掌するとか管理するの意味である。「事」とは，日常政務の実施例たる成事や司法判例等の法律文書の総称である。今文の『尚書・周書』には，「御事」の語は全部で16ヵ所出てくるが，その意味には二とおりある。第一は，政務官（司法官を含む）の意であり，たとえば，「告我友邦君，越尹氏，庶士，御事（我が友邦の君主と周の尹氏・庶士・御事たちに告げる）」[30]，「召太保……師氏，虎臣，百尹，御事（太保……師氏，虎臣，百尹，御事などを召す）」[31]，「邦君御事」[32]などの用例がある。ここでの「御事」は商代の「執事」（『盤庚』参照）と同じものである。但し，『周書』では「執事」は『金縢』にわずか一例見られるのみである。第二は判例の意であり，たとえば，『召誥』に「王先服殷御事，比介于我有周御事，……，王敬作所，不可不敬徳」とある。その大意は以下のとおりである。王はまず殷人の判例を参照し，徐々に我々周人の判例を形成する。王は慎重に判決し，民心を失わないようにしなければならない。ここにいう「王敬作所」は「君作故（君主が行えば，それが故事となる）」[33]というのと同義である。君主の行為は「成事（先例）」とみなされ，後人の倣うところとなるので，注意深く慎重でなければならないというのである。

「御事」とは判例のことだったのだから，判例を運用して案件を裁判する司法官が「御事」とよばれたのも，とても自然なことである。『左伝』文公七年の記事には「華御事為司寇（華御事が司寇の職を務めた）」とある。古くは，官職名を名前とする事例が多いが，この記事は「御事」が司法官の代名詞であったことの一つの証拠である。

「御」は管掌するの意であったため，「御事」はまた「執事」ともよばれた。春秋時代には法官は「執事」とよばれることが多かった。また，「以煩

執事（執事を煩わす）」と「以煩司敗（司敗を煩わす）」,「以煩刑史（刑史を煩わす）」,「以煩司寇（司寇を煩わす）」などの表現は同じ意味であった。たとえば,『左伝』には「僶知罪矣, 敢不從執事（私は罪を認めるので, 執事に従わざるをえない）」,「寡君來煩執事, 懼不免于戾（罪）（我が君が貴国に行って執事に迷惑をかけ, 許してもらえないのではないかと心配している）」[34],『国語』には「得罪于下執事（法を犯せば執事に責任を追及される）」, などの用例がある。

古代には「事」と「史」は同じ字であったため,「御事」はまた「御史」ともいった。『周礼・春官・御史』には「御史は邦国・都鄙および万民の治令をつかさどる（御史掌邦国都鄙及万民之治令）」とある。戦国時代の官職の序列については,「朝廷で, 執法（法官）は天子の傍らに立ち, 御史はその後ろに立つ（執法在旁, 御史在後）」[35] という制度があった。ここでは「御事」は司法監察の官とされている。『睡虎地秦墓竹簡』には「毎年末に御史の役所でその年の法律文書を整理する（歲讎辟律于御史）」という規定があるが, ここから秦代には「御史」は法律文書を専門に管理する職務となっていることが分かる。

要するに,「御事」は「御鷹」にかわって司法官の呼称となったのだが, このこと自体が「任意法」時代が終結し「判例法」時代が誕生したことを示している。

2．象魏・誥命・五罰：単項立法

「判例法」時代には, 統治者はマクロ次元での法実践活動の統一をはかるため, 恒常的な法規範, 半恒常的な法規範, および臨時的な法規範をそれぞれ別個に制定公布した。

(1) 恒常的な法規範：法律の原則と刑罰制度

恒常的な法規範とは, 主として立法・司法の重大原則および刑罰制度のことを指す。前者には, たとえば「逃亡した者があれば, 怪しい場所を捜

索して捕らえる（有亡荒閲）」という「周文王之法」[36)]がある。また，周公の作った『誓命』には，「人の守るべき規則を破る者を賊といい，賊をかくまう者を藏といい，財貨を盗む者を盗といい，国の財宝を盗む者を姦という。自ら藏の罪をあえて犯し，姦人の盗んだ財宝をむさぼるのを大凶徳という。これらの者に対しては定まった刑罰があって許すことがない。それは九刑という刑書に載せられていて，忘れられることはない」[37)]とある。また，『呂刑』には，「五種類の罪状に該当することが明らかならば，五刑をもって正す（五辞簡孚，正于五刑）」，「五刑に該当することが疑わしい場合は赦すこともある（五刑之疑有赦）」，「全面的に過去の罪名と刑罰を参照せねばならず，恣意的に先例を適用してはならない（上下比罪，無僭乱辞）」，「刑罰は世の中の状況によって軽重がある（刑罰世軽世重）」，「原被告がそろったら，五刑に関する罪状の供述を聞く（両造具備，師聴五辞）」等とある。後者すなわち刑罰制度とは，墨（入れ墨），劓（鼻そぎ），刖（足切り），宮（宮刑），大辟（死刑）の五種類の刑罰に関することである。このような刑罰制度は人々に公布されていたが，そのことを『国語・魯語』は「大刑は軍隊を用い，ついで斧や鉞を用い，中刑は刀や鋸を用い，ついで錐や鑿を用いて入れ墨をし，薄刑は鞭や杖を用いて民を畏怖させる。このため，大刑は原野で行い，小刑は市や朝廷で行う。これら五刑はこの三ヵ所で行い，公開である」[38)]と述べている。

(2) 半恒常的な法規範：定期的に公布される「象魏之法」

半恒常的な法規範とは，定期的に制定され公布される「象魏之法」のことである。「象魏」はまた「魏闕」ともいう。「魏」とは高くて大きいの意である[39)]。「象魏」とは，もともと天子や諸侯の王宮の外側に高くそびえる一対の対称の建物である。「象」は図形のことで，古代には庶民の多くは文字を知らなかったため，統治者は法令や政令を図像化して公布した。これらの図像化された法令や政令は常に「魏闕」の上に掛けて人々の目に触れさせられたため，「象を魏に懸ける（懸象于魏）」という言い方が用いられ，

そのうちに,「魏闕」と法令とは密接不可分の一体のものとなった。「象魏」は法令を公布するための専用の場所の意となったばかりでなく,法令の代名詞ともなったのである。『左伝』哀公三年の記事によると,魯の宮殿で失火があったとき,「季桓子がやって来て,哀公に侍して象魏の門の外に立ち,……象魏を保管するよう命じ,旧い法令はなくしてはならないと言った(季桓子至,御公立于象魏之外……命藏象魏,曰:旧章不可亡也)」とあるが,これはその確かな証拠である。この種の法令は,『周礼・秋官・大司寇』に「正月元日に諸国の都鄙に刑法を宣布し,刑罰の条項を象魏にかけて万民に周知させ,十日後に回収する(正月之吉,始和,布刑于邦国都鄙,乃懸刑象之法于象魏,使万民觀刑象,挾日而斂之)」とあるように,通常は正月に公布された。

(3) 臨時的な法規範:誥,命,誓

臨時的な法規範は常にその時々の案件のために発せられた。このことは以下の諸例に明らかである。『兮甲盤銘』に「蛮地に入ってはならない。さもなくば処刑する(毋敢或入蛮宄布,則亦刑)」,「命令に従わない者があれば,刑罰に処す(敢不用令,則即刑撲伐)」[40]とある。『尚書・費誓』に「もし勝手に他人の牛馬を追い,自分の物にして返さない者は所定の刑罰に処す(越逐不復,汝則有常刑)」,「他人の物を強奪してはならない。……さもなくば所定の刑罰に処す(無敢寇攘……汝則有常刑)」とある。『左伝』哀公三年に「命令に従わねば所定の刑罰に処す(命不共,有常刑)」とある。『国語・越語』に「進撃の命令に従わず,退却して恥じない者は所定の刑罰に処す(進不用命,退則無恥,如此則有常刑)」とある。『逸周書・大臣』に「命令に従わない者は所定の刑罰に処す(有不用命,有常不違)」とある。『周礼・地官・司徒』に「もし法に従わねば,国家所定の刑罰に処す(不用法者,国有常刑)」とある。等々。

(4) 「単項立法」と「秘密法」

「判例法」時代の立法の最大の特徴は,「単項立法」,すなわち,違法犯罪に関する概念の特徴,司法の一般原則および刑罰制度の各々について,それぞれ別個独立に規定するという方式がとられたということである。前二項は内容的に後の封建法典中の「名例」に類似しているので,しばらくこれを「名例条項」とよぶ。最後の一項は内容的に現在の刑法典中の「刑罰」の部分に類似しているので,しばらくこれを「刑罰条項」とよぶ。この二とおりの条項は内容的に別立てになっていて,一つの条項にまとめて規定されたことはない。前述の各種の法規範は,いずれも,総じて何々をなすべし,あるいは何々をなすべからず,さもなければ,「所定の刑罰＝五刑に処す(有常刑)」と規定するものの,具体的にどんな刑罰に処すべきかは,明示されない。このように,「名例条項」は具体的な刑罰内容には触れないし,他方,「刑罰条項」の方は違法犯罪の内容には触れていないことが分かる。このうち「名例条項」には比較的大きな変化がみられるが,「刑罰条項」の方は相対的に安定していて,両条項を一つの法典にまとめるには,なお長期にわたる法実践を必要とした。

「単項立法」という方式は必然的に二つの効果を司法にもたらすこととなった。その第一は判例(ここでは仮に「判例条項」とよぶ)の地位の向上である。司法官は「名例条項」と「刑罰条項」を具体的案件に適用して判決を作成するのだが,これが判例方式にほかならない。「具体的な状況にもとづいてその都度刑罰を定めるのであって,あらかじめ詳細な法を制定することはしない(臨事制刑,不豫設法)」[41]というわけである。このような判決は当該案件の当事者に適用されるばかりでなく,以後の同種の案件の審理にとっても指導的あるいは参考となる役割を果たした。第二は,司法官の地位を極めて重要なものとしたということである。「名例条項」,「刑罰条項」,「判例条項」という三種の条項はそれぞれ別立てとなっていたため,ある具体的案件に対する司法官の裁決は,完全に彼のこの「三条項」に対する理解如何および案件事実に対する評価如何によって決定された。それは,

第3章 「礼治・判例法」時代の法文化

『荘子』に「佩玉を帯びている者＝司法官は具体的な状況に応じて判断することができる（緩佩玦者事至而断）」[42]といわれているとおりである。判例のもつ特別な価値と司法官の決定的な役割が，まさに「妥当な先例故事を選んで事案を裁断する（議事以制）」という裁判方式の基礎をなしているのである。

「判例法」時代の法律には「秘密法」という特徴が備わっていたが，その原因は二つある。第一は，「議事以制」という情況のもとでは，一般平民は断片的な政令や刑罰手段を除いて，「名例条項」，「刑罰条項」，「判例条項」等のまとまった内容については，知るすべがなかったことである。ある一つの具体的な行為が違法犯罪であるかどうか，また（犯罪だとして）いかなる刑罰に処すべきことになっているかについても，あらかじめ明確に知ることはできなかったのである。第二は，当時の法律文書の多くは専任のスタッフの手で官衙に収蔵されるか，あるいは金属祭器に鋳込まれて「刑器」とよばれ，「器物のなかに礼が保存されている（器以藏礼）」[43]といわれた。貴族間の訴訟に際しては，しばしば敗訴者側が出資して器を鋳造し，争いの原因，経過および判決文を記載した。『𠑇匜銘』はその例である。また，処罰を受けた貴族が器を鋳造したこともある。たとえば，『師旅鼎』であるが，これについては，「師旅が罰を受けてすぐに器を鋳造し，その経緯を記載した（師旅受罰遂鋳器以紀其梗概）」ものだが，「罰を受けて器に刻文する例は珍しい」[44]などと言われている。これらの例はいずれも「大国が小国を伐ったときには，その戦利品で祭祀用の器物を作る（大伐小取其所得以作彝器）」という古い戦争慣例の司法の場におけるあらわれである。その目的は，「武功を刻んで子孫に示し，もって国君の明徳を明らかにし，無礼を懲らす（銘其功烈以判例子孫，昭明徳而懲無礼）」[45]ところにあった。これらは実際上はいずれも広義の判例である。「刑器」は人々の行為を規律するために用いるもので，これに違反することを許さない権威を有していた。あたかも同じ規格の模型に溶かされる金属と同様に，「刑器」もまた人々の行為を制約していた。このため，『礼記・王制』は「刑とは侀，すなわち事

を成すという意味であり,ひとたび決めたら改めることはできない(刑者佹也,佹者成也,一成而不可改)」と述べている。法律の原則や判例の内容を記載したこれらの「刑器」は,貴族の統治権と司法権の象徴である。それらは貴族の廟堂の中に置かれ,先祖の霊の祭壇に奉られ,平民が中に入ってこれを見ることは許されなかったのであって,「国の利器は人に示してはならない(国之利器不可以示人)」[46]といわれていた。以上の二つの原因があいまって,当時の法律は,「民に刑法の内容を知らせなければ,刑罰の威嚇効果は測り知れない(刑不可知,威不可測)」[訳注10]といわれたような「秘密法」的な性格を持たされていたが,これは人為的な操作によるものではなく,必然的な成り行きなのであった。

3.中・史・事:議事以制

「判例法」時代の司法裁判の基本的方式は,「議事以制」,すなわち,過去の判例を参酌しこれに依拠して審理判決するというものであった。

(1) 中:刀筆と竹簡

「中」の字は「口」と「丨」からなっている。「口」は,「人がしゃべったり食べたりするところ(人所以言食也)」であり,「丨」は,「上下が通ずることである(上下通也)」[47]。口の中から言葉は出る。『詩経・小雅』に「好い言葉も悪い言葉も口から出る」とあり,また,『尚書・説命』には「口は恥のもとであり,甲冑は戦争のもとである」とあり,「口」の字は「言」の字の代わりをしている。つまり,「中」は上下一貫した一区切りの言葉のことである。「口」はまた竹簡の象形であり,「丨」は刀筆(小刀による文書作成)の意であり,一まとまりのかなり整った文章を竹簡の上に刻みつけることが「中」なのである。また,「中」は「正であり(正也)」,「正は是である(正,是也)」ともいう。ここから以下のようなことがわかる。「中」はある種の行為,すなわち,事物や行為を文字形式で正確かつ客観的に竹簡に記載することであり,また,一種の結果,すなわち,竹簡に刻み込ま

れた文字を通じて表されている正しい行為準則のことである。換言すれば，「中」とは，竹簡に刻み込まれた成事および判例，すなわち日常の政務や立法・司法活動の偽らざる記録である。それらは実践による検証を経て，正しくかつ実行可能であることが証明されている。このため，後人の行為に対して指導的かつ規範的な機能を有したのである。そのうちに，「中」は正しい判例や故事の略称および正しい行為準則の代名詞となった。

　古代の典籍のなかの「中」の字の多くは，その本来の意義で用いられている。たとえば，その例は以下の如くであって，枚挙にいとまがない。『尚書・大禹謨』：「允執厥中（正義を実行する）」；『尚書・呂刑』：「観于五刑之中（五刑の適用の当否を考える）」，「士制百姓于刑之中（士は公正な刑律によって人民を統制する）」，「惟良折獄，罔非在中（善良な者が罪を判定すれば，中正を損なわないだろう）」，「咸中有慶（すべて法律に符合することがよいことである）」；『左伝』文公元年：「挙正于中，民則不惑（季節を正しく設定すれば民は混乱せずにすむ）」；『周礼・秋官・司寇』：「断庶民獄訟之中（庶民の獄訟を正しく裁断する）」，「求民情，断民中（民情を考慮の上，正しく事案を裁断する）」，「獄訟成，士師受中（審理が終わると，法官は法律文書を受け取る）」，「凡官府郷州及都鄙之治中，受而藏之（およそ官府，郷，州および都，鄙のあらゆる官員の法律文書は，すべてこれを収集する）」；『国語・晋語』：「鬻国之中（国家の法律を裏切る）」；『論語・子路』：「礼楽不興則刑罰不中（礼楽が盛んにならねば，刑罰も適正を欠く）」；『礼記・檀弓下』：「殺人之中，又有礼焉（死刑を記録した法律文書には，礼の原則が表れている）」等々。

(2) 史：「中」を持する職

　『説文解字』に，「史とは国家の政事を記録する者のことであり，もとは史と書いた。「又」の上に「中」があるという意味で，中は正を意味する（史，記事者也，本作史，従又持中，中，正也）」，「又は手のことで手の形からきている（又，手也，象形）」とある。以下，『玉篇』に「史は記録をつかさ

どる官である（史，掌書之官也）」とあり，『周礼・天官・宰夫』に「史は官書をつかさどり君主の治をたすける（史，掌官書以贊治）」とあり，その鄭玄による注に「贊治とは今でいう政府文書の起草のことである」とある。また，『詩経・小雅・賓之初筵』に「すでに監察官を任じ，また史を任じて政事の補佐をさせた（既立之監，或佐之史）」，『礼記・曲礼上』に「史は筆記の用意をし，士は発言の用意をする（史載筆，士載言）」，また，『玉藻』に「君主の行為は左史が記録し，発言は右史が記録する（動則左史書之，言則右史書之）」などとある。その他の古書にもまた，多くの同様の用例[48]が見られる。ここから，「史」とはもっぱら政務，法令を記録し，過去の重要な文書を整理することに責任を持つ官職であったことが分かる。

　最古の「史」は卜筮の官である。彼らは神の兆候に忠実でなければならないばかりか，謹んでその職責を果たさねばならなかったために，「忠義（忠）」で，「公正（直）」という職業道徳が養成された。あたかも，春秋時代の晋の卜筮の史史蘇が「占いに出た結果を私は隠すわけにいかない。兆の示すものを隠し，史官としての職分を失うならば，二つの罪に相当し，君に仕えることはできない」[49]と述べた如くである。このような品性と風格は，「諸史」によって継承された。このため，歴史上，直言して上に逆らい，史実に忠実で，「法を枉げずに隠さず記録し（書法不隠）」[50]，「命をかけて筆を全うした（以死奮筆）」[51]といういにしえの良史の事例は少なくない。『左伝』襄公二五年には，「大史が崔杼がその君を弑したことを書いたため，崔子は大史を殺した。するとその弟が兄のあとを継いで同様に書いた。こうして二人が殺されたが，さらにその弟がまた書いたので，崔子はついにゆるした。南史氏は大史の兄弟がことごとく殺されたと聞いて，簡（記録用の竹のふだ）をもって朝廷に出かけたが，すでに記録されていると聞いて引き返した」[52]とある。「簡」とは「中」のことである。堅く節を守って「中」を管理する人々の群像がここにありありと表れている。

第3章 「礼治・判例法」時代の法文化

(3) 事：判例故事

『説文解字』に「事とは職掌のことで，史からなっている（事，職也，従史）」とある。甲骨文や金石文の「事」は「吏」と同じ文字である。また，「吏は人民を治める者である。一と史からなる（吏，治人者也，従一従史）」という。ここから，「事」と「吏」はいずれも「史」に起源を有することが分かる。国家の官職制度の整備につれて，以前には一人一人があらゆる分野を担当していた「諸史」は不断に分業化し，各々が一つの担当職務を受け持ち，一部門に精通するようになり，かくして「吏」が発生した。春秋時代以前に，大小の官はみな吏と称するようになり，たとえば，「三公」は「三吏」と称された。「吏」の精通する自らの担当事務や慣例は「事」と称された。ここから，「吏」と「事」は「諸史」およびその従事した職務が不断に分業化した結果生まれたものであることが分かる。

「事」は「吏」の専任する行為そのもの，すなわち，「従事する（従事）」，「仕える（事奉）」の意であるばかりでなく，その行為の直接の対象，すなわち政務の故事と司法判例のことでもあった。「吏」はそこで既成のモデルや方法に依拠して現実の事件を処理した。古代の典籍には「事」と言われるものが非常に多い。たとえば，『尚書・康誥』：「未有遜事（先例，故事に背いてはならない）」；『左伝』襄公二三年：「順事恕施（過去の先例に順応し寛大に統治する）」；『逸周書・大開武』：「過度に小賢しくすると制度が壊れ，臨機応変にすぎると故事が破られる（淫巧破制，淫権破事）」；『国語・魯語上』：「卿大夫は諸侯を補佐し職務を受ける（卿大夫佐之受事焉）」；『周礼・秋官・朝大夫』：「毎日国の先例，故事を検討する（日朝以聴国事故）」等がその例であるが，いずれも成事や判例を指している。

(4)「議事以制」

晋の大臣叔向は，かつて「昔先王は妥当な先例や故事を選んで事案を裁断したのであって，成文法典を制定することはなかった（昔先王議事以制，不為刑辟）」[53]と述べたことがある。これは「判例法」時代の司法の基本的

特徴についての高度な総括である。つまり，先王から今日にいたるまで，常に既存の判例を参酌し引用して，裁判の量刑を行ってきたのであり，いかなる行為が違法犯罪であるか，またいかなる刑に処すべきかについてを盛り込んだ刑法典をあらかじめ制定することはしなかったというのである。ここにいう「事」こそ判例のことであり，「議」とは選択，判定，検討などの意味である[訳注11]。

世襲的貴族政体の下では，政治権力は政治活動や法律活動に従事するために必要な知識，習慣，しきたり，技能，技術，方法などとともに，「長子相続制」に基づいて，伝えられていった。前車の通った跡を後車の道とする，上の者の行いに下の者がならう，過去の経験を忘れず後の教訓とする等々，先祖の行為，言説，制度文物，旧例などは，子孫に対して巨大な影響力を有していた。そして，「議事以制」にみられる「判例法」は，まさしく「天を敬い祖先を模範とし（敬天法祖）」，「先人の型にならう（帥型先考）」という時代精神が司法の領域に姿を現したものなのである。

長期にわたる司法の実践のなかで，以下のようないくつかの重要な司法原則が形成された。

① 「過去にならって行い（仿上而動）」，先例を遵守するという原則

たとえば，『国語・呉語』には「事を計画する際には，必ず全面的に成事を調べた後に決定してはじめて実行することができる（夫謀必素見成是焉，而後履之，而可以授命）」とある。以下に同趣旨の例を列挙しよう。『国語・周語上』：「政事を執り刑罰を行うには，必ず先王の遺訓を問い，先例を考え，遺訓をまげておかすことなく，先例を無法に破ったりしない（賦事行刑，必問于遺訓，而咨于故實，不干所問，不犯所咨）」，「その事業を受け継いで修め，その教訓法度を修め，朝夕に恭敬精勤し，篤厚を守る（纂修其緒，修其訓典，朝夕恪勤，守以敦篤）」；『国語・周語下』：「先王の遺訓を開いて，その典礼・図形・刑法を調べ，興廃の状況を観察すれば，すべて理解することができる（啓先王之遺訓，省其典図刑法，而觀其廢興者，皆可知也）」，「事を行うには諮問にまさるものはない。……過去の先例にならっ

て行うことこそが諮問である（事莫若咨，……仿上而動，咨也）」；『左伝』：「法官は先例を遵守するのがよいことである（執事順成為臧）」；『尚書・皋陶謨』：「大事を行う時は，慎重に法律を調べ，……何度も繰り返し過去の先例を研究しなければならない（率作興事，慎乃憲……屢省乃成）」；『尚書・呂刑』：「刑書を開いて分析すれば，すべて正義にかなう（明啓刑書胥占，咸庶中正）」；『荀子・君道』：「官吏は業の内容を遵守し，これを改竄してはならない。業は代々伝来して判決の準則となる（守職循業不敢損益，可伝世也而不可使侵奪）」；『荀子・議兵』：「法度や命令を下すときは，必ず既存の先例，故事に従わねばならない（立法施令，莫不順比）」等々。いずれも過去の故事，慣例を当面の案件を処理するための準則とするよう強調している。

② 「良くない先例に従わず（無従非彝）」，「全面的に妥当な罪刑を選択する（上下比罪）」という原則

『国語・周語中』は，「先王之令」を引いて，「あやまった先例や無道に従うことなく，怠慢と淫乱を行うことなく，各々自らの法典を守り，天道に従う（無従非彝，無即慆淫，各守爾典，以承天休）」とし，また，『国語・魯語上』は「先例に違背するのはよくない。また，悪い先例を作って後世に残すこともよくない（犯順不祥，以逆訓民亦不祥）」と述べている。『尚書・呂刑』には，判例を適用するときは，真剣に選択し，「廃された先例を用いてはならない（勿用不行）」，「上刑では重すぎる場合は下刑を適用し，下刑では軽すぎる場合は上刑を適用すべきである（上刑適軽下服，下刑適重上服）」などとある。また，「自らを誇示して改変が多く，一定の基準をもたない（自伐而好変，事無常業）」（『逸周書・史記』）ところから発生した，参考とするに足らない故事は，過去のものであれ，最近のものであれ，いずれも援用してはならないとされた。

③ 「広く意見を求め（廣謀衆咨）」，「多数の議論によって決定する（集人来定）」という原則

司法においては，「故事，旧例にもとづき，老人の教えを聞いた上で裁判

(順于典型而訪咨于耆老而後行之)」しなければならない(『国語・晋語八』)。「事を行うには諮問にまさるものはなく(事莫若咨)」,「広く意見を求めれば誤りが少なくなる(咨,寡失也)」[54)]からである。また,「事を謀ってうまくいかねば賢人を集めて決める(議事不令,集人来定)」[55)]ともいわれた。

④ 「その事業を受け継いで修め,その教訓法度を修める(纂修其緒,修其訓典)」[56)]という原則

既存の先例に対処するためには,(先例に)整理を加えて,その変化を知り,その精神を理解し,当面する現実と結合させて修正を加えなければならず,「独りよがり」になって,旧い枠組みを死守するようなことをしてはならない。それはまさしく『荘子・人間世』が,「自分の見解を持ちながら,これを古代の賢人にことよせることは,古人と一味になることである。その言葉には,相手を教えたり責めたりする内容が含まれているものの,その言葉自体は古人のものであり,自分のものではない。このようにすれば,たとえそれが率直な意見であっても,さしさわりが起こる心配はない。これが古人と一味になるということだが,このようにすればどうだろうか？これに対し,孔子は次のように述べた。それでは駄目である。あまりに小細工が多すぎて,すっきりしない。ただ,つまらない方法ではあるが,誅罰を受けないですむのはせめてもの取り柄ではある。しかし,それだけで,どうして人に教化を及ぼすことができようか。あなたはまだ自分の意見への執着から離れられないようだ」[57)]と説くとおりである。

⑤ 「礼に合致しないことは記録せず(非礼勿籍)」[58)],後世に害を及ぼさないという原則

『国語・魯語上』に「君主が行ったことが後世の故事となる(君作故)」,すなわち君主のなした判決は後世にとって先例となるとある。このため,慎重に,「上に向かっては先王を参考にし,下に向かっては後世を教導しなければならない(上之可以比先王,下之可以訓後世)」(『国語・楚語上』)。また,「君主の行いが道にしたがえば,故事となるが,道に逆らえば,その無道を記録する(君作而順,則故之,逆則亦書其逆也)」[59)]という。「賄賂に

よる裁判は先例たりえない（賄無成事）」（『逸周書・和寤』），すなわち，私利に惑い法をまげた裁判の先例は援用することができない。また，礼に反する判決は史書に載せることができなかった。後世に害が残ることを恐れたのである。

⑥　「ケース・バイ・ケースで処理し（作事応時）」（『逸周書・酆保』），「重要案件の処理は法に拘束されない（大事不法）」（『逸周書・武紀』）という原則

特別な情況の下では，時機を失することなく新たな判例を創造しなければならない。これを「妥当なものは旧名に従い，不適当なものは新名を作る（有循于旧名，有作于新名）」[60]といった。

第4節　「判例法」の全体像（2）

1．「判例法」時代の裁判実例

古書や出土文物の中から西周・春秋時代の裁判の実例を探し出すことができる。西周中期の『曶鼎銘』に2件の判例が載せられている。その一は，売買契約の不履行から引き起こされた訴訟案件であるが，その概要は以下の通りである。某年某月某日，司法官某が訴訟を受理した。原告某が訴訟理由を述べ，司法官某が判決を行い，被告某が判決に従った。その二は，他人の財産権に対する侵害によって引き起こされた訴訟案件であるが，その概要は以下の通りである。ある年，甲が乙の穀物を強奪したため，乙が官に訴え，賠償を請求した。官は判決を行い，被告は賠償に同意したが，期日までに履行しなかったため，原告が再度訴えを起こし，官が再び判決し，被告はこれに従った。

西周末期の『矢人盤銘』には土地所有権の侵害から引き起こされた一訴訟案件が記されているが，その内容は次のとおりである。甲が自己の領地を拡大しようとして，乙の田地を侵奪したため，乙が役人に訴えた。某月

某日，役人が判決し，被告は宣誓して判決に服する旨表明し，王の法廷で田地の境界図を交換した。

『左伝』昭公元年条は，鄭の子産の判決した一傷害事案を載せている。事件の概要は，公孫黒と公孫楚の兄弟が同一の女性との婚姻をめぐって争ったことから恨みを生じ，黒が楚を殺そうとしたが，結果は反対に楚に戈で負傷させられたというものである。子産は次のように判決した。曲直の程度が等しければ，年齢の若い方に罪がある。国家の礼制に国君を畏敬する，政令に服従する，貴人を尊重する，年長者に仕える，親族に孝養する，の五箇条があるが，この五箇条を公孫楚はすべて破った。ただし，国君はこれを死刑にするのは忍びないので，流刑に処して辺境の地に遣わす，と。

同書昭公一四年条には，晋の叔向の審理した一件の殺人事案が載せられている。その概要は次のとおりである。邢侯と雍子とが田地を争って訴訟となり，雍子には道理がなかったため，自分の娘を司法官の叔魚に献納したところ，叔魚が法を枉げて邢侯を有罪とする不正な判決をしたため，邢侯は怒って叔魚と雍子を殺した。これにつき，叔向は次のように判決した。三人の犯罪行為は同等であるので，邢侯を死刑に処し，叔魚と雍子の死体を暴くこととする。自分に罪がありながらなお勝訴しようとするのは「昏」であり，貪欲にかられて悪事をはたらくのは「墨」であり，みだりに人を殺すのは「賊」である。『夏書』には昏，墨，賊は死刑に処すとあるが，これは皋陶の定めた法律である。これに照らして処理すべきである，と。

以上の裁判実例は，かつて鼎に鋳込まれ，また，典籍に記録されるなどして，当時の裁判や後世の裁判にとって指導的な役割を果たした。

２．「判例法」時代の法規範の表現様式

「判例法」時代の法規範の表現様式は，ミクロ的様式，中間的様式，マクロ的様式という三つのレベルに分類することができる。

第3章　「礼治・判例法」時代の法文化

(1) ミクロ的様式

法規範の具体的表現形式は，前述の「中」，「事」以外にも，『尚書』，『国語』，『周礼』，『易経』，『逸周書』，『左伝』，『礼記』，『荀子』等の典籍中に，さらに以下の十種類のものが見られる。

① 成

「慎乃憲，屢省乃成（慎重に法律を遵守し，繰り返し成事先例を研究する）」；「範宣子与和大夫争田，久而無成（範宣子と和大夫との土地所有をめぐる訴訟について久しく協議が整わない）」，「慎成端正（慎重に先例を遵守して，やっと正しい司法解決が得られる）」，「不若以歸，以要晋国之成（帰国して晋国との協定を結ぶほうがよい）」；「日人其成，月人其要（毎日書類を整理し，毎月書類を整理する）」。

② 業

「朝士受業（朝士は書類をつかさどる）」，「昼議其遮政業，夕序其業（昼間は各種の政務を研究し，夜は書類を整理する）」，「君子敬徳修業（君主は徳行を提唱し，かつ過去の法律文書を遵守する）」，「民在鼎矣，何以尊貴，貴何業之守（平民が鼎に依拠するようになれば，君子は高貴さの基盤を失い，貴族も掌握すべき法律文書を失ってしまう）」。

③ 書

「明啓刑書胥占（刑書を開いて子細に研究する）」，「太史秉書（太史は文書をつかさどる）」，「与群執事読礼而協事（他の執事とともに礼書を研究して政務にあたる）」，「民知有辟，則不忌于上，并有争心，以徴于書（平民が法律の規定を知れば，貴族を恐れなくなり，みな訴訟を躊躇しなくなり，さらに刑書の内容を自分の主張の論拠とするようになる）」。

④ 典

「惟殷先人，有冊有典（殷商の先人たちが典籍をつくりあげた）」，「予之法制，告之訓典（彼らに法律を与え，遺訓を告げる）」，「為国政，制事典（国政を担当し，法典を制定する）」，「未失周典（周の法典を失わない）」，「能

道訓典(訓典のことを説明できる)」,「淫文破典(過度の文飾は法律の趣旨を損なう)」。

⑤　訓

「導之以訓辭(訓典によって民を教導する)」,「賦事行刑必問于遺訓(刑罰を実行する際には,必ず遺訓を参考にしなければならない)」,「聰聽祖考之彝訓(先祖の遺訓に従う)」,「嗣守文武大訓(文王・武王の遺訓を守る)」。

⑥　故

「君作故(君主が行ったことが後世の故事となる)」,「君作而順則故之(君主の行為が正しければ,それを先例故事とする)」,「無故而加典,非政之宜也(故事を無視して法典を増やすことは,執政者として不適当なやり方である)」,「周知天下之故(天下の故事を周知している)」;「淫権破故(臨機応変にすぎると先例故事に違背する)」。

⑦　版

「邦中之版,土地之図(邦国の版冊は土地の図籍である)」,「凡在版者,掌其政令(役人は版の記載をもとに政令をつかさどる)」,「為之版以待(版に記録して調査をまつ)」,「書契版図者之貳(書契版図の副本)」。

⑧　比

「有孚比之(確かな証拠があれば,先例を参照して裁判する)」,「上下比罪(全面的に過去の罪名と刑罰を参照する)」;五刑に関する訴訟は「必察小大之比以成之(必ず各種の先例を調べて裁判する)」,「行比義焉(妥当な先例を参照して事を行う)」。

⑨　類

「刑之破類(刑罰が先例に違背している)」;「類也者,不忝前哲之謂也(類の精神とは,先哲の言行に背かないことである)」;「有法者以法行,無法者以類挙(法律があれば法律によって裁判し,法律がなければ先例を参照して裁判する)」。

⑩　要

「合要(契約書を調査する)」;「董逋逃,由質要(牛馬や奴隷の逃失に関

第3章 「礼治・判例法」時代の法文化

する紛争の処理は，それらの購入時の契約書を根拠に裁判する）」；「要囚（囚犯の文書を整理する）」，「有倫有要（道理もあり契約書もある）」；「異其死刑之罪而要之（死刑相当の罪を分類して整理する）」。

(2) 中間的様式

法規範が，その構成形式上，「諸々の事項が別立て」となっている。すなわち，違法犯罪の概念上の特徴，司法の一般原則，刑罰制度，判例・先例の四事項がそれぞれ独立に規定されて，一つの法典に統一されていない（これは前述したとおりである）。

(3) マクロ的様式

判例法時代の法規範は，マクロ次元では全体として「刑罰を基準とする判例の統括（以刑統例）」，すなわち，「五種の刑罰を基準に三千の判例を統括する（以五種刑罰統轄三千条判例）」という方式をとって現れる。『尚書・呂刑』は，「無限にある訴訟案件も五刑のいずれかに相当し（無疆之辞，属于五極）」，「墨刑に相当する条文が千箇条，劓刑に相当するものが千箇条，剕刑に相当するものが五百箇条，宮刑相当のものが三百箇条，死刑相当のものが二百箇条，五刑すべてで三千箇条ある」[61]と述べている。また，『周礼・秋官・司刑』には，「司刑は五刑の刑法を主管し，犯人に相応の刑罰を施す。墨刑相当の罪は五百条，劓刑相当は五百条，宮刑相当は五百条，剕刑相当は五百条，死刑相当は五百条ある。司寇が事案を裁断する際には，五刑の法に基づいて，しかるべき刑罰を申し渡し，これによって人々は罪の軽重を判断しなければならない」[62]とある。

司法官が案件を審理し，五種の刑罰を科する判決を下すということを続けているうちに，非常に多くの判例が形成されたが，「施した刑罰の事例が一定の数量に達すると，それらを分類することができる（刑極則儷，儷至乃別）」[63]ようになる。すなわち，あらゆる判例を集めてひとまとめにすれば，処罰内容を同じくする五組の判例グループが現れてくる。このように

して，一つには（判例を）調べる際の便宜を図り，二つには，違法犯罪行為の軽重の分類の線引きが行われることになった。司法官は判例を適用するとき，まず「五刑を記録した文献を調べる（観于五刑之中）」，すなわち，五通りの判例グループを調査する。しかる後，「罪過があれば，先例を参照して処罰する（有咎比于罰）」，すなわち，判例が科している刑罰に照らして処理する。これこそ「議事以制」という「判例法」方式にほかならない。

ところで，「五種の刑罰を基準とする判例の統括」というモデルには，解消できない矛盾が覆い隠されていた。すなわち，同一の刑罰でくくられる判例とはいってもそれぞれの犯罪の性質は，明らかに異なっており，なかには殺傷犯もあれば，盗犯もあるという具合に，個々の犯罪の性質は明らかに異なっていたのである。抽象的な罪名概念が同種の判例を基礎に生み出されるためには，「刑罰を基準とする判例の統括」という旧いモデルでは，行き詰まることになったのである。

3．優秀な司法官の基準：公正さ（直）と博識（博）

「判例法」時代には，案件が正しく審理されるかどうかは，かなりの程度において司法官個人の資質の優劣にかかっていた。このため，司法官の品性と才能が特に重視された。

優秀な司法官の基準とされたのはつぎの二点であった。一つは「公正さ（直）」であるが，これは司法官の道徳的資質であり，「公正なら正しく見分けることができる（直能端辨之）」とされた。つまり，公平かつ正直で，不偏不党で，暴力を畏れず，職責に忠実，といったことである。二つ目は「博識（博）」であるが，これは司法官の業務上の技能のことで，「博学なら古今の故事先例を比較して考えることができる（博能上下比之）」とされた。すなわち，古今の判例や故事を熟知し，さらにそれを確実にうまい具合に援用できるということである。このために，多くの傑出した政治家や官吏は，いずれも「春秋に習熟し（習于春秋）」，「つとめて知識を深めた上で軍隊を統率し（求多聞以監戎）」，「意志が強固で博識であった（帥志博聞）」。

このような人々が「刑法をただし，訓典＝聖賢の書を集める（端刑法，緝訓典）」ことができる有名な司法官となったのである[64]。

第5節 「礼治・判例法」時代の終焉とその遺産

春秋時代以降，生産力の向上と生産関係の変革にともなって，井田制と世襲制を支柱とする宗法的貴族政体は衰退の一途をたどった。これにかわって台頭したのが官僚制的集権政体である。依拠するものがなくなれば，それに付随していたものは存立できなくなるわけで，宗法的貴族政体を頼りとしていた「判例法」は存続するための条件を失った。それは次第に一つの新たな法律様式に取って代わられることになるが，これこそ君主集権政体と手を携えて登場した「成文法」方式にほかならない。

1．「礼治・判例法」時代のたそがれと終焉

魯の昭公六年（紀元前536年），鄭の執政子産が「刑書を鋳造した（鋳刑書）」。その23年後，すなわち魯の昭公二九年には，晋の執政趙鞅が「刑鼎を鋳造した（鋳刑鼎）」。ついに，春秋末期の法制変革のうねりが醸成され，「礼治・判例法」時代のたそがれを告げる太鼓と弔鐘が打ちならされたのである。

子産が「刑書を鋳造した」ことについては，晋の大夫叔向が厳しい批判を加えた。その理由は二つあるが，その一は，末世に刑を立てるのは非礼だというものであった。彼は「夏朝には天下が大いに治まったので禹刑を定め，商朝は天下が大いに治まったので湯刑を定め，周朝には天下が大いに治まったので九刑を定めた。三つの法典はいずれも王朝の始めに生まれている。いまあなた（子産）は鄭の宰相となり，封洫の制度を作り，非難を浴びる政策を実施し，参辟を制定し，刑書を鋳造し，これによって人民を統治しようとしているが，これは非常に困難なのではないか」[65]，訳注12) と述べている。ここにいう乱とは治のことである[66]。ちなみに，『尚書』所出の「乱」の字の大半は「治」の意である。また，叔は「俶」のことで，始

(始まる)の意である。たとえば『管子・弟子職』に「俶衽則請(始めに夜具を敷いて頼んだ)」とある如くである。辟とは法のことである。つまり，ここに引用した文章の主旨は，〈先王はみな王朝成立時の王朝が盛んな時期に大法を制定し，これらが後世に伝わっている。禹と湯はそれぞれ夏，商の開国の君主である。ゆえに，刑法にその名を冠した。周の「九刑」とは，周公が作った「刑書九篇」のことであり，これまた，周初の出来事である[67]。現在，鄭は没落に瀕しているにもかかわらず，大法を制定したが，これは，「国がまさに亡びようとするときには，必ず多くの法律が濫発される(国将亡，必多制)」という方の例である〉というものである。批判理由の二つ目は，(本来単一事項ごとに立法すべき)「二つの事項を一つにする(二項合一)」[68]ようなやり方をしたことで，これは古くからの制度ではないというのである。叔向は，「かつて先王は妥当な先例や故事を選んで事案を裁断したのであって，成文法典を制定することはなかった。これは人民が訴訟で争うのを恐れたからである。……現在，人民は成文法を知ったので，必ず礼制を棄てて刑書を援用し，たとえば刑罰の適用の細目についてもすべて理屈で争うようになるだろう。こうして訴訟は増加し，賄賂も増加し，あなた(子産)の執政期に鄭は亡びてしまうのではないか！」[69]と述べている。いまや，一般庶民はいかなる行為が違法犯罪かを知ったばかりでなく，それらがいかなる刑罰に処されるかをも知っているので，必然的に，恐れることなく，司法官と法をたてにあくまで争うようになったというわけである。

　孔子は晋の趙鞅が「刑鼎を鋳た」ことを批判したが，その理由は二点あった。その一は，小民が鼎を見るのは非礼だということであった。彼は言う。「貴族と平民を混淆させないのが礼制というものである(貴賤不愆，所謂度也)」，「いま過去の礼制を棄てて刑鼎を定めたため，平民は刑鼎を拠り所としている。これでは貴族はどうして尊敬されうるだろうか？　また，貴族の手には掌握すべきどんな法律文献が残るだろうか？　貴賤の間が混同されてどうして国を治められるだろうか？(今棄是度也，而為刑鼎，民在鼎

矣，何以尊貴？　貴何業之守？　貴賤無序，何以為国？）」。本来貴族内部で掌握していた「業」（判例等の法律文献）を衆人に公にすれば，貴族にはどんな権威が残るだろうかというのである。その二は，刑鼎の内容がよくないということで，「宣子の作った刑法は夷で演習をした時に作ったもので，晋国の乱れた法制であって，どうして正しい法ということができるだろうか（且夫宣子之刑，夷之蒐也，晋国之乱制也，若之何以為法？）」[70]と述べている。「夷蒐之法」について，『左伝』文公六年には，四項目の内容が載せられているが，その第一の項目は，「正法罪，辟獄刑」，すなわち，犯罪の処罰は法により，罪名が不当なものや法律の条文が不明確なものは修訂し，さらに，これによってあらためて罪人を審理し，刑罰を科す，というものである。ここから，「夷蒐之法」は，罪名と刑罰という両方の内容を兼ね備えていたことが分かる。

　以上のことから分かるように，子産の「刑書」と趙鞅の「刑鼎」は，内容形式ともに全く新しい新式の法典であった。それらは西周以来の「単項立法」方式で「議事以制」方式の「判例法」という旧い型を打破した。それは中国古代法文化史上の一大記念碑であって，その出現は旧い貴族勢力に強烈な打撃を与え，これに制限を加え，新たな経済関係を擁護し，郡県制君主集権政体の発展を促進したばかりでなく，画期的なかたちで，旧時代の衰亡と新時代の勃興を宣告したのである。

2．「礼治・判例法」時代の歴史的遺産

　600年以上の長きにわたった「判例法」時代は，中国法文化史上非常に重要な位置を占めている。それは後世のために少なくとも以下のいくつかの遺産を残した。

(1) 法実践における無神論精神
　西周の統治者は夏，商二代の「罪なき者を殺すよりは不正な者を逃すほうがよい（与其殺不辜，寧失不経）」（『左伝』襄公二六年所引「夏書」）という

精神,および,神に頼らないという精神を継承し,かつこれを発揚した。そして,裁判において解決困難な案件に遭遇すれば,「五刑や五罰適用に疑義のある者は赦す(五刑之疑有赦,五罰之疑有赦)」(『尚書・呂刑』),あるいは実刑を罰金に改める(墨辟なら赦して百鍰の罰金,大辟なら赦して千鍰の罰金,等)という方法を採用し,さらにこれを制度化した。先に触れた『墨子・明鬼』所載の神羊による裁判のような事例は,「判例法」時代全体の中では極めてまれなケースに属し,その影響もほとんど見られない。数百年にわたる実践を経て,「判例法」時代には全くといってよいほど神判法の影響が排除され,立法や裁判の領域において唯物主義的無神論の基調が確立された。それは後世に対して極めて大きな影響を及ぼしたばかりでなく,中国の法文化を外国の法文化から区別する特徴の一つともなった。

(2) 宗法的等級観念による法実践の支配

「礼治・判例法」時代には,宗法的貴族政体は隆盛から衰退へと向かいはしたものの,「孝悌」等の宗法的等級観念は,けっして致命的な打撃を蒙ることはなかった。周公は「不孝不友」を赦免の対象外の重罪とし,子産は「訴訟当事者双方の曲直の程度が同等なら,目下の身分の側を有罪とする(直均則幼賤有罪)」[71]と主張し,孔子は「父は子のために隠し,子は父のために隠す(父為子隠,子為父隠)」[72]という主張を堅持した。これに加えて,「復讐」や男尊女卑などを賞賛し宗法的な血縁を基礎とする差別的精神は,重苦しい遺物として後世に伝わり,後世の立法や司法における神聖な原則となった。

(3) 法実践における「人間重視」の精神

「礼治・判例法」時代には,司法官は法実践活動の中心的役割を担ったが,彼らは判例を遵守したり,あるいは判例を創造したりする方法を用いて,立法と司法を一つの炉の中に溶かし込んでいた。このため,「人間重視」,すなわち司法官の自発的で能動的な役割を重視する伝統が形成された。この

伝統は「成文法」時代に打撃を受けはしたものの，後の「混合法」時代全体をつうじて，不断に回復し発展し，さらに，「判例法」的要素が連綿として絶えることなく，長期にわたって生きのびるための思想的基盤となった。

第4章 「法治・成文法」時代の法文化

「礼治・判例法」時代の末期に，ある新しい要素が次第に成長してきた。これこそ「法治」思想と「成文法」にほかならない[1]。それらは不断に壮大な発展を遂げ，ついに「法治・成文法」時代というひとつの新しい時代を切り開いた。

法律の基本精神についていえば，「法治」と「礼治」とは何から何までことごとく対立する存在である。「礼治」とは宗法的家族制度，即ち「礼」の原則にしたがって国家の法律活動を指導するものであり，個人の権利や義務を措定し，血縁によって階級を区分した上で権利の再分配を行うものである。一方，「法治」とは新興地主階級の「法治」原則にしたがって国家の法律活動を指導するもので，個人と国家（即ち専制君主）との間の関係を確定し，人々の「後天」的な行為や業績によって権利の再分配を行うものである。新興地主階級の主張する「以法治国」にいう「法治」は，その実質は中央集権的君主専制政体を打ち立て，これを擁護するということである。かりに，西周，春秋時代の支配階級が家族内部の，家族相互間の，および家族と王朝との間の関係の維持を通じて「天下の安定（天下大治）」に到達したのだとすれば，戦国時代および秦朝の支配階級は，専制王権を擁護することを通じて「富国強兵」を実現した。

法律の様式についていえば，「判例法」と「成文法」は二種類の全く異なるものである。「判例法」は，司法官の主観的能動性を尊ぶものであり，先例を遵守するという大原則の下に，司法官が法意識や法政策を根拠に案件を裁判することを認めていた。判例は司法作用の結果であるばかりでなく，裁判過程における立法の所産でもあったのである。このように「司法の中

に立法を宿らせる」ことが司法活動と立法活動を巧妙に融合させていった。一方,「成文法」はこれとは異なる。それは国家組織の専門機構によって一定の手続に基づいて相対的に安定した法規範群もしくは法典を制定し,また各級司法官に法律の詳細な規定を根拠にして,さらに法定の手続によって案件を裁判させるのである。そこでは過去の判例を参考にすることも,恣意的に成文法と食い違うことをしたり,各自が勝手に自分の意見を述べることも許されない。我々は西周,春秋時代を「判例法」時代とよび,戦国時代および秦朝を「成文法」時代とよんでいる。かりに「判例法」時代が思考力や臨機に立法を行うことにたけた一群の司法官を養成したとすれば,「成文法」時代は博覧強記で,操作能力にたけた一群の法執行の職人を養成したといえよう。

春秋戦国時代の特殊な歴史的背景の下で,「礼治」と「法治」および「判例法」と「成文法」は,全面的に対立し,水と火のように相容れない状態にあった。これは,「判例法」が「礼治」の所産であって,宗法的貴族政体,土地の貴族的所有制,血縁を基準に確定される人々の権利義務等々と同じ流れをくんでいたからであり,また,「成文法」が「法治」の所産であって,郡県官僚制的君主集権専制政体,地主的土地所有,人々の「後天的」行為や功績に基づく権利再配分の実行等々と足並みを揃えていたためであった。もしかりに,両者の対立が二つの時代の,そしてまた二種類の内容と様式を異にする法文化間の矛盾だったとすれば,「法治」が「礼治」に取って代わり,「成文法」が「判例法」に取って代わったことは,中国の伝統法文化が一つの新たな発展期に入ったことを示している。

第1節 「礼治」から「法治」へ

春秋戦国時代には,生産関係の変革と封建階級の政治舞台への登場にともなって,思想学術界では伝統的な「礼治」と対立する一つの新しい思潮が次第に芽吹き,強大化してきた。これが「法治」にほかならない。それ

第4章 「法治・成文法」時代の法文化

は，まるで強烈な嵐のように，ひとたび出現するやとどめることのできない勢いで，中華の大地全体を席巻した。

時期的な面から言うと，「法治」思潮は春秋戦国時代に興ったが，それはちょうど各諸侯国の封建階級が相次いで法制度を改革し，ひいては政権の座につくのと歩調を同じくしていた。地域的な面からいうと，歴史的，民族的また文化的伝統などの原因から，各諸侯国の政治の発展ぶりはけっして均衡のとれたものではなかった。一般的に言って，宗法的な「礼治」の影響が比較的強い諸侯国においては，その封建化のテンポは相対的により緩慢で，「法治」思想の影響も相対的にやや小さかった。その逆に，宗法的「礼治」の影響が薄弱な諸侯国においては，その封建化のテンポはかなり迅速で，「法治」思想が容易に統治思想の座におさまった。

紀元前685年，斉の桓公は即位後，管仲を宰相に任命し，以下の四項目を柱とする一連の改革を行った。①「民と貨を分かつ（与民分貨）」[2]，すなわち，荒れ地の開墾を奨励し，大々的に漁業，塩業，鋳鉄業を起こし，民を富ませ国を強くする；②「国都を三分し，その郊外を五分する（参国伍鄙）」，すなわち，「国」（国都の中）と「鄙」（国都の外）という地域ごとに住民を区分し，行政組織と軍事組織を結合させる；③破格の人材選抜を行う。「一般庶民でも能力があれば，抜擢する（匹夫有善，可得而挙）」こととし，人材がいるのに推挙しなければ，「蔽賢」，「蔽明」のかどで罪に問う；④賞罰を励行し，「褒賞を用いて善行を奨励し，刑罰を用いて悪行をただし（勧之以賞賜，糾之以刑罰）」[3]，守旧派の貴族勢力に打撃を与える。この方針にもとづき，かつて「伯氏の領地駢邑の三百家を奪った」[4] こともある。ついには，「何度も諸侯を会盟し，天下を一つに秩序づけ（九合諸侯，一匡天下）」[5]，春秋第一の覇者となった。

鄭の子産は紀元前543年から紀元前522年まで国政を執り，以下の改革を実行した。①「畦や溝で土地の境界を作り（作封洫）」，新たに田地の境界を区分し，土地私有権を確定した；②「都鄙における車服類の区別を定め，身分の上下による服務規定を定め（都鄙有章，上下有服）」，農家を五家を

伍とする方式で編制し,「井田を受けた農家には伍による相互扶助をさせた（盧井有伍）」[6]；③「丘賦という税法を作り」[7],「丘」を単位として土地所有者から軍事税を徴収する；④賢才を用い,「子産は国政を執るにあたり,有能な人物を登用した（子産之従政也, 擇能而使之）」[8]といわれた；⑤「刑書を鋳造し」[9],新型の成文法を公布し,貴族の特権を制限し,封建領主の既得利益を確保した。これらの改革のおかげで,鄭は,民は安んじ,国は強くなり,大国間の交戦の中で,頑強に生き抜いていくことになった。

　斉と鄭の改革には共通の特徴があった。その一は,地域を基準に住民を区分し,国家と住民の間に直接的な関係を打ち立てようとしたことである。その二は,賢才をもって人材選抜の重要な基準としたことである。その三は,賞罰を改革の梃子とし,王命に従わない旧貴族に打撃を与え,国君の権威を高めたことである。これらの措置は,いずれも別々の角度から宗法的血縁紐帯の影響を弱め,土地の分封,官職の世襲,縁故による人事,「議事以制」といった伝統を破壊し,「礼治」の陣地上に一つの突破口を開き,「法治」が進軍するための条件を作り出した。

　しかし,歴史的限界があったために,斉と鄭の改革はまた,不徹底な改革でもあった。管子と子産は「礼治」に対して多少の打撃を与えはしたものの,他方で相当程度にその保持もはかった。管仲は,「礼・義・廉・恥」を「国の四つの基本（四之四惟）」に据え,「四維が盛んに行われなければ,その国は亡びる（四惟不張, 国乃滅亡）」[10]と述べている。子産は,「礼の重視」で有名であり,礼を「天の経であり,地の義であり,民の行うべきものである。要するに,天地の常道であって,民はこれを手本とするものである（天之経也, 地之義也, 民之行也, 天地之経而民実則之）」[11]とみなしていた。彼は国を治めるに際して,「まず枢要な貴族を安心させて,彼らが帰順するのを待つ（先安大以待其所歸）」[12]ということを根本理念とし,司法においては,「訴訟で争う両当事者の曲直の程度が等しければ,長幼の序列の低い側を有罪とする（直均, 幼賤有罪）」[13]という原則を堅持した。このことが「礼治」をして依然として社会の支配的思想たらしめたのである。

ある一人の（鄭の）富豪が「（身分不相応の）卿の車服をその庭に飾っていたところ，鄭の人がそれを憎んで彼を殺した（陳卿之車服于其庭，鄭人惡而殺之）」[14] という話のあることはその証拠である。このため，鄭の大夫鄧析は子産の改革に不満を抱き，「先王にのっとらず，礼儀を是とせず（不法先王，不是礼義）」[15]，「非を是とし，是を非とする（以非為是，以是為非）」[16] という，敢然たる気概をもって，「しばしば子産の政治を批判した」[17]。さらに，彼はひそかに「竹簡に書かれた刑法（竹刑）」[18] を作成し，ついには身をもってこれに殉じた。

　斉と鄭の改革は「法治」にとって最初のイメージを作り上げた。その特徴は，第一に，「法治」が相当程度に「礼治」の痕跡を帯びていたということであるが，それは主として，国家統治における宗法的道徳観念の役割を承認するという点に表れていた。特徴の第二は，「法治」が商工業を許容していたことである。これは斉と鄭の伝統と関係がある。両国の改革はいずれも「商工業を奨励する（倡工商）」[19] 政策を実行し，鄭は商工界のために「お前たちは私に背いてはならない。私はお前たちから無理に物を買い取ることはしない。無理に奪い取りもしない。お前たちが商売で利益を得ても，私はこれに関与しない（爾無我叛，我無強買，毋或匄奪。爾有利市宝賄，我勿与知）」[20] という原則を制定し，斉にもまた，国家が商人の利益を侵害しないかわりに，商人は外国に移住してはならないという規定があった。それ以後の斉の法家は，まさにこの伝統を継承し，「法治」という前提の下に道徳の役割を重視し，また商工業の活動に寛容であった。その結果，彼らは道徳による教化を否定し，農業を重視して商工業を抑圧する政策を実行する晋や秦の法家とは鮮やかな対照をなし，斉法家と晋秦法家という異なる流れを作り出すことになったのである。

　斉と鄭の改革は，春秋戦国時代の社会の大変革の出発点であった。戦国以後，各諸侯国は法家の人物のリードの下に，相次いで変法（法制度改革）を実行した。たとえば，魏における李悝の変法，魏と楚における呉起の変法，秦における商鞅による二度の変法，韓における申不害の変法，等々で

ある。この一連の改革運動は，伝統的な「礼治」の基礎を全面的に否定し，貴族的土地所有制に替えて単独経営の小家族による土地私有制を打ち立てた。また，官職世襲的な貴族政体に替えて非血縁世襲的な官僚制を据えた。また，「刑は大夫に上らず（刑不上大夫）」という「礼」に替えて「刑罰に身分なし（刑無等級）」という「法」を置いた。

　法家の「法治」思想の文化的基礎は晋国の文化である。「夏政（夏の政）」と「戎索（戎のものさし）」[21] を基礎とする晋国の文化は，東から来た斉の法重視の理論の刺激を受け，いわゆる三晋（韓，魏，趙）型の法家学説を形成し，さらに，李悝，商鞅，慎到，申不害，韓非，李斯らに代表される法家の群雄を育て上げた。三晋の法家は，自らが創造した法典，法学および法思想の種子を秦国に持ち込み，さらに，これを広大な秦の沃野に根付かせ，花開かせ，実を結ばせたのである。彼らは，向かうところ敵なしの暴虐な軍隊を頼りに，至る所で闘い，血と火の力によって，空前の大帝国を創建した。彼らは片手に法典を持ち，片手に刀剣を握り，旧世界と一気に雌雄を決する勇気を胸に，宗法血縁的な古めかしい社会基盤を一掃した。

　秦による統一は，土地私有制を確立した法典を東方の六国にもたらしたが，それは新興地主階級および小土地私有者の支持を受けた。同時に，国家の統一は，割拠と戦乱を終わらせ全国土の安定を実現しさらに生産を発展させ交流を拡大させるという人民の願望にマッチしたため，人民の支持も得た。秦帝国の建設は歴史の必然だったのである。しかし，階級的限界および歴史的限界のために，秦帝国の支配者は社会発展の客観的法則を認識することはできなかった。彼らは暴力と刑罰を盲信し，ひたすら厳刑を施し，「数え切れないほど，人の父を殺し，人の子を孤児にし，人の足を断ち，人の顔に入れ墨をする（殺人之父，孤人之子，断人之足，黥人之首，不可勝数）」[22] という状況を呈し，一般庶民はともすればたやすく罪に問われ，臣下は誰もが身の危険を感じさせられるという羽目となった。彼らはまた，みだりに民力を徴発し，やみくもに重税を取り立て，その結果，階級矛盾を激化させた。そこで，陳勝が「大澤で蜂起し，天下の人々がこれに呼応

した（奮臂于大澤而天下雲集響應）」（『史記・秦始皇本紀』,『史記・陳渉世家』）のである。広大な大国は根底から瓦解した。秦帝国の興亡は，まさしく「水＝民は舟＝君を載せるが，他方で舟を転覆させもする（水則載舟,水則覆舟）」[23]との道理を地で行くものであった。

第2節 「法治」の理論的支柱

　戦国時代，卑賎な身分の出身でありながら自らの努力で土地を獲得した一群の平民たちが，社会変革を急進的に推進する勢力を構成していた。彼らの代表たる法家学派は，彼らの人身の安全の保障，土地私有権および国家の政治活動への参画を強く求めた。彼らは自らの意志について，そのすべてが社会の成員全体にとっての公正無私な「法」であると説くとともに，「後天的」な人間の功労を「先天的」な血縁身分に優先させるよう要求した。また，「礼の精神によって国を治める（為国以礼）」という「礼治」を廃絶して，「法によって国を治める（以法治国）」という「法治」を実行するよう求めた。「法治」の思潮は，中国古代社会における国民意識の最初の覚醒のあらわれであった。そして，その闘いの目標は，地域を基準に住民を区分すること，血縁によって階級を確定することに反対すること，宗法秩序上の序列と政治的身分との一体的構造を打破すること，土地所有権と行政上の統治権とを分離させること，分封制（天子から諸侯への土地の給付を媒介に成立している統治体制）と世襲制を廃止し，官僚制と専制集権政体を樹立すること，などであった。

　法家のいう「以法治国」なる「法治」理論は，以下のいくつかの柱から構成されていた。

1.「旧い法制にならわず，現在の制度にも拘束されない」という進化史観

　法家の考えでは，人類社会は発展運動をするものであり，かつ，変われば変わるほどよくなるものであった。法律制度は自然の勢いにしたがって

成立したものである。上古の世には,「人口は少なく財物には余裕があったので,人々は互いに争わなかった(人民少而財貨有余,故民不争)」。そのため,当時は,「徳治」や「礼治」を用いれば,天下を治めることができた。しかしいまや,「人口は多いのに財物は不足し,厳しい労働のわりに実入りは少ないために,人々は互いに争うようになった(人民衆而貨財寡,事力労而供養薄,故民争)」[24]。そのうえ,国と国との間では戦争が絶えず,「強国は他国の併呑に力を入れ,弱国は懸命に防衛につとめており(強国事兼并,弱国務立守)」[25],「力が強ければ他国は服属し,力が弱ければ他国に服属せねばならない(力多則人朝,力寡則朝于人)」[26]。生き残りと安定と発展のためには,富国強兵に力を尽くし,「法治」を実行しなければならないが,それは歴史的必然だというのである。

2.「利を好み害を厭う」という人間性論

法家の見方によれば,「利に向かい害を避ける(趨利避害)」のは,古今を問わず,貴賤を問わない人間固有の本性である。たとえば,禹が禅譲を行ったのは,彼の品性が高潔だったからではなく,天子の位にいると多くの実益が得られないばかりか,逆に人一倍の苦労をしなければならないからであった。車造り職人は他人が金持ちになるのを望み,棺桶づくり職人は他人の死ぬのを望むが,これは前者が善良で後者が邪悪というわけではなく,利がそこにあるからである。使用人が一生懸命働き,地主がこれにうまい物を食べさせるのは,互いの友愛によるわけではなく,それぞれに期するところがあるからである。男子が生まれると祝福し,女子が生まれると殺すという社会習俗があるが,これは男子を育てれば老後の備えとなるが,女子の養育は金を費やすだけだからである。君主が爵位,俸禄を提供し,臣下が智力を提供するのは,君臣が互いに取り引きをしているのであって,何ら仁愛とは関係がない[27]。「利を好み害を厭う(好利悪害)」のはけっして悪いことではない。「好悪の情は賞罰を用いることができる根拠である(好悪者,賞罰之本也)」し,また,「人間には本来好悪の情がある

から，民を統治することができる（人性有好惡，故民可治也）」[28]のである。国家を治めるためには，道徳の説教に頼ることはできず，賞罰と「法治」のみが頼りになるというのである。

3．「民富国強」という功利主義

法家は「利に向かい害を避ける」人間性と国家の富強とを結合させ，褒賞と刑罰を用いて，人々を耕作，戦争，犯罪告発へと誘い，駆り立てた。多くの食糧を生産した者，敵を殺して手柄を立てた者，違法犯罪を摘発した者は，官爵（官職，爵位）と田宅（田地，家屋）を得ることができた。誰でも，出身の如何をとわず，努力して国家の法令にのっとって事を行いさえすれば，富貴をきわめ世にときめくことができたし，国力もまたこれによって強化された。法家からみれば，ある国家が弱体なために強国に併呑されるのは，あたかも一般庶民が怠けたために貧しくなるのと同じことであって，いずれも理の当然のことであった。

4．「廃私立公」という公法観

法家は「法」と「礼」とを対立させ，前者は社会の共通利益を代表し，後者は貴族の私的利益のみを代表していると考えた。「礼治」を実行した結果，「国の利益が確立しないうちに臣下に官職や財貨が与えられ，君主の地位が低下しても臣下の地位は高く，国土が削られても臣下の私的な家は富んでいる。……公民は減り私民が増加する（国利未立，封土厚禄至矣；主上雖卑，人臣尊矣；国地雖削，私家富矣……公民少而私人衆矣）」[29]。このため，「公の利益を振興する（興公利）」ためには，「親疎を分かたず，貴賤の別のない」「法治」を実行しなければならない。このように法家は新興地主階級の意志をそれが社会の構成員全体を代表するものだと説明しているが，それはちょうどマルクスが次のように指摘しているとおりである。「旧い支配階級の地位に取って代わろうとするすべての新しい階級は，自らの目的を達成するために，自らの利益が社会の構成員全体の共同利益である

と説明せざるをえない。抽象的に言えば、自らの思想に普遍的形式を付与し、これを唯一の合理的、かつ普遍的意義を有する思想として描き出そうとするのである」30)。

　「法治」理論の最大の特徴は、その実践性である。それは実践から来て実践へと戻り、変法を指導し、また修正を受けて整備される。こうした一連の実践が一段落したとき、韓非が現れて、それを集大成した。

　「法治」理論の最大の弱点は、理論的思考において生彩を欠くことである。道家から伝統的「礼治」を批判する勇気を吸収し、また、墨家から批判の武器を獲得したものの、この時代の法家はなんら系統的で整備された学説を提出することがなかった。彼らは、眼前の現実に目を奪われすぎて、存在論的探究に目を向ける暇がなかったのである。このため、法家は正確で明快な見解を載せたすぐれた書物には事欠かないけれども、一つの思想体系としていえば、法家思想の理論的水準はやはり低級である。

　このような事情にもかかわらず、「法治」は結局あらゆる領域を席巻し、さらに、法治主義に基づいて一つの広大な大国を作り上げた。この嵐のような大変革によって誕生したのが、土地私有制、個人経営による自然経済、および官僚主義的で中央集権的な君主専制政体である。さらに、もう一つ重要なものがあった。それが「成文法」にほかならない。

第3節 「成文法」の萌芽とその定型化

　「成文法」は、一種の新型の法律様式として春秋末期に登場したが、その典型的事例は、鄭と晋における「刑書の鋳造」および「刑鼎の鋳造」という事件である。戦国以後、法制変革の一層の進展につれ、「成文法」もまた不断に整備された。李悝の『法経』がその集成の足がかりを作り、『秦律』がその集大成をおこなった。

1．「刑書」，「刑鼎」，「竹刑」：新式の法規範

　魯の昭公六年（紀元前536年），鄭の執政子産が「刑書を鋳造し」，同二九年（紀元前513年），晋の趙鞅と荀寅が「刑鼎を鋳造し」，魯の定公九年（紀元前501年）頃，鄭の大夫鄧析が「竹刑を作成し」，ついに春秋末期の法制変革のうねりが醸成されてきた。

　「刑書」，「刑鼎」，「竹刑」の内容自体については，現在では検証することは困難である。しかし，当時の人々のそれらに対する批評の中から，我々は，それらがすでに西周以来の「単項立法」の伝統を改変し，「名例条項」と「刑罰条項」を結合させた，「二項合一」の新式の法規範となっていたことを，容易に看取することができる。

　「事案の法による処理（事断于法）」[31] を主張する鄧析は，「竹刑」を作成した。人々は，彼が「先王にのっとらず，礼義を是とせず（不法先王，不是礼義）」[32]，「非を是とし，是を非としている（以非為是，以是為非）」[33] と批判した。彼は，法律知識を用いて当事者が裁判を起こすのを手伝い，「鄭が大いに乱れ，民の怨みが沸騰する（鄭国大乱，民口歓嘩）」[34] ようなことを盛んに行った。もし，鄧析の「竹刑」がいかなる行為が犯罪であるか，および各々の犯罪にいかなる刑罰が対応するかを定めた「二項合一」の新式法典でなかったとすれば，そのようなことが起こるはずがない。

　趙鞅は鄭を伐ち，「鉄という地での誓約（鉄之誓）」をたて，その中で「敵兵を討ち取った者は，上大夫には県，下大夫には郡，士には田地十万畝を与え，庶人と工商は仕官させ，奴隷は解放する（克敵者，上大夫受県，下大夫受郡，士田十萬，庶人工商遂，人臣隷圉免）」[35] と述べた。これを魯公の「費誓」における「強盗窃盗をなすべからず。垣根を越えて牛馬を盗み，男女の奴隷を拐かしたら，所定の刑罰に処す（無敢寇攘，逾垣墻，窃馬牛，誘臣妾，汝則有常刑）」[36] という言明と比較すると，前者が「二項合一」の法であり，後者が「単項立法」であることは，いかにも明白である。

　戦いに先立って作成される誓詞という点では同様であるものの，「鉄之

誓」の様式は，明らかにそれ以前とは異なっていた。それは，まさしく，晋において「成文法」が初めて政治舞台に登場したという特殊な背景の下に作られたものであった。春秋末期ないし戦国初期には，「鉄之誓」の類の新式の法令は，すでにどこにでも見られる珍しくもないものとなり，盛んなブームになっていた。ゆえに，それを概括し総括する思想家や政治家が現れてきたのである。『墨子・非命』は，「法令を発する際は，賞罰の措置を制定する（発憲出令，設為賞罰）」と述べている。また，『管子・立政』は，「およそ国が事業を行う際には，必ず事前に命令を発し，その事業を始めること，およびその遂行に際しての賞罰の基準・方法を前もって明示しておかねばならない。事業の担当者は慎重に命令を守り，定められたとおりに賞罰を行う。事業遂行後は賞罰を与えた者について報告する。もし命令の内容と合致しない点があれば，たとえ功績があったとしても，これを専制とよび，死刑に処して赦さない」[37]と述べている。ここから，当時の人々はすでに「法令を発する際は，賞罰の措置を定める」という「二項合一」の法令を用いて，また，具体的で，明確で，威嚇力とともに誘引力も備えた方式を用いて，人々を支配者の望む方向へと駆り立てることに慣れていたこと，さらに，このようにして司法の統一および官吏の政務に対するチェックが保障されていたことが分かる。かのスローガン式の，曖昧で，奥歯に物のはさまったような「単項」式の旧式の法令は，すでに人々から次第に忘れ去られていた。

2．「刑書」→「刑鼎」→『法経』→『秦律』：「成文法」の定型化

春秋以降，「二項合一」の新式の法規範は次第に増大し，すでに逆戻りすることのできない趨勢となった。同時に，成文法は（法典の）条文構造上も不断に成熟し定型化されていった。この過程はまさしく後世の封建法典にとってのいわば「原始的蓄積」段階であった。

(1) 三篇の「刑書」

すでに触れたように，子産が「刑書を鋳たこと」について，叔向は書簡を送り，次のように批判している。

「今吾子相鄭国，作封洫，立謗政，制参辟，鋳刑書，将以靖民，不亦難乎」[38]。

この叔向の言明を分析する際には以下の二点に留意すべきである。第一はこの文章の区切りについてである。「作封洫，立謗政」がひとまとまりの一文であり，これは子産が「丘賦」という税制を作り，その措置が鄭人に非難されたことを指している。ゆえに，「謗政」といわれている。また，「制参辟，鋳刑書」がつぎの一文をなしているが，その意味は，子産が「参辟」なる新法を制定し，その文言を鼎の表面に鋳込み，これを「刑書」としたということである。第二は，「参辟」の語の意味についてである。先に言及した「禹刑」，「湯刑」，「九刑」を総称して「三辟」という。しかし，子産の作った「参辟」が先王の「三辟」と異なることは，勿論言うまでもない。では，ここでの「参辟」とはいかなる意味だろうか？

楊伯峻氏は，『春秋左伝注』において「参辟」について次のように注釈している。

> 参は三に同じ。『晏子・諫篇下』に「三辟を国中に発布する（三辟著于国）」とある。『晏子』にいう三辟は，蘇輿の『晏子春秋校注』によれば，「行暴，逆明，賊民」の三事とされるが，これが必ずしも子産の制定した三辟と同じものとは限らない。三辟とは，子産の刑律が三つの部分に大別されるという意味ではないだろうか。あるいは，『晋書・刑法志』にいう「大刑用甲兵，中刑用刀鋸，薄刑用鞭撲」のことを指すのかもしれない。あるいはまた，『刑法志』にいう，魏の文侯の師李悝の著した『法経』六篇という場合と同様の意味で三篇の法と述べているのかもしれない。呉闓生の『文史甄微』は，「参辟は封洫，謗政と並置されているが，子産の作った法のことである」と述べているが，これは正しい。三辟とは刑書の内容であり，鼎に鋳込んでこれを公布

したことは，それとは別の事件である。ゆえに，それぞれ区別して述べることとする[39]。

　楊伯峻氏の見解は極めて妥当である。ここから次のようなことが分かる。「参辟」とは「刑書」の内容のことである。簡単に言えば，三篇の法である。この三篇が何を指すかについては，いまでは検討するための手がかりがない。しかし，その内容はいずれにせよ子産の改革の範囲からかけ離れたものであるはずはない。それは改革の成果を記録したものであろう。私見によれば，「参辟」とは，財産，官職，司法の三篇であるか，あるいは民事法，刑事法，司法手続きの三篇のことである。それらは鼎の上に鋳込まれ，庶民の目に一目で分かるようにした。民に「鼎を見せる」ことが大いに周礼に背くとされていた点についてはさておき，ここでは，かつての単一の事項のみに関する法律（単項立法）をすべて集めて三篇にまとめ，一つの鼎に集中させたことが，画期的な偉業であったという点のみを指摘しておこう。

　(2) 四篇の「刑鼎」
　趙鞅（宣子）と荀寅が「刑鼎を鋳た」ことについて，孔子は批判を加え，「貴賤の秩序なしに，国は治められない。宣子の刑法は夷での演習の際に作ったもので，晋国の乱れたおきてである。どうして正しい法といえよう」[40]と述べた。孔子はたしかに「刑鼎」の内容およびそれと「夷蒐之法」の関係について知っており，だからこそ，「宣子之刑，夷之蒐也」[41]と断言したのである。このため，「刑鼎」の内容の分析は「夷蒐之法」の検討を通じて行われるべきである。
　「夷蒐之法」については，『左伝』文公六年の記事に，「春，晋は夷で演習を行い，二軍を廃止し，狐射姑を中軍の大将とし趙盾をその副将とした。陽処父が温から戻り，改めて董で演習をして中軍の大将と副将とを入れ替えた。陽処父は以前に趙盾の父成季の部下であったため，趙氏に味方し，さ

らに趙氏は才能のある人物だといい,『有能な者を用いるのは国の利益となる』と述べて,趙盾を大将にしたのである。宣子＝趙盾はそこで初めて国政を担当し,諸般の制度を定めた。……その完成後,それを大傳の陽処父および大師の賈佗に授けて,それを晋の国中に実施させ,国の常法とした」[42]とある。

趙盾の作った「夷蒐之法」については,一般に以下の読点で区切られた「九事」に概括されている。「宣子于是乎始為国政,制事典,正法罪,辟獄刑,董逋逃,由質要,治旧洿,本秩礼,続常職,出滞淹」。しかし,私の考えでは,この箇所は次のセミコロンのように区切るべきである。すなわち,趙盾は「始為国政,制事典：正法罪,辟獄刑；董逋逃,由質要；治旧洿,本秩礼；続常職,出滞淹（執政を開始して法典を制定した。すなわち,刑法を修正して犯罪者を整理し,質要によって逃亡に関する訴訟を裁判し,旧来の礼によって田地の訴訟を裁判し,官制を引き締めて賢能の才を任用した）」と読むのである。文中の「制事典（法典を制定する）」と「以為常法（国の常法とする）」とは,首尾呼応している。ここで説かれているのは,法律の起草からそれが国法として確立されるまでの全過程なのである。さて,法律の内容についていえば,実際上つぎの四つの分野に分かれていた。

① 刑事立法,刑事司法に関するもの——「正法罪,辟獄刑」

「正法罪,辟獄刑」とは,犯罪の処罰は法によるものとし,罪名が不適当であったり法律条文が不明確なものは修訂し,その上で,修訂整備された刑律によって獄中の未決囚犯を審理し,法によって刑を科す,ということである。ここから趙盾の制定した法律には二つの特徴があったことが分かる。一つは,罪名と刑罰の両面の内容を兼ね備えていたことである。二つ目は,罪名,刑罰の両面の内容ともにそれまでのものとは異なっていたということである。しかし,その具体的な状況については,文献が不足しているため,詳しく知ることはできない。

② 動産訴訟に関するもの——「董逋逃,由質要」

ここにいう動産とは,奴隷,牛,馬,羊等の財産のみを指す。これらの

財産が持ち主の制御を離れ，その帰属問題について紛争が発生したときは，「牛馬や奴隷売買の契約書（質要）」を証拠として断を下す。質とは，契約書，証拠書類のこと，すなわち，奴隷，牛，馬，羊等を売買する際に作成する証書のことである。たとえば，『周礼・地官・質人』には，「大規模売買には質を用い，小規模売買には劑を用いる（大市以質，小市以劑）」とあり，鄭玄はこれに注して，大市とは人間，牛馬の類の売買で，長券を用い，小市は兵器や珍奇な物の売買で，短券を用いると述べている。要とは，証券のことで，公文書の一種である。『矢人盤』（『散氏盤』）は，一件の田地訴訟の判例を載せ，田地の境界の方角と標識を詳しく記している。その落款には「左執要史正仲農」[43)]とあるが，これは専門に「要」をつかさどる官吏を指すらしい。

　③　不動産に関する訴訟──「治旧洿，本秩礼」

　洿とは「濁った水が流れない（濁水不流也）」[44)]ことである。田地の境界は多くの場合，溝で表示される。たとえば，『周礼・地官・遂人』には，「邦の野をつかさどる。土地の図をもって田野を区画し，法によって県鄙の区域を定める。……土地の区域ごとに溝を掘り樹を植える（掌邦之野，以土地之図経田野，造県鄙形体之法……皆有地域，溝樹之）」とあり，『大司徒』には，「土地の区域ごとに溝を掘る（制其地域而封溝之）」とある。「濁った水が流れない」のは，溝が塞ぎ止められた結果である。では，どうして溝が塞がるのか？　その原因は二つある。その一は，「田地争い（田訟）」である。一方が新しい溝を開いて田地の境界としたために，旧い溝が覆われて埋まり，涸れてしまうのである。その二は，「水利争い（水訟）」である。田地の持ち主が変わったため，もとの灌漑系統が乱され，各々が水利を争って，他人の溝を塞ぎ，水が通らなくしてしまうのである。たとえば，「子馴が自分の田地の溝を手入れしたとき，司氏，堵氏，侯氏，子師氏はみな田地を失った」[45)]というようなケースである。ここにいう「治旧洿，本秩礼」の意味は，たとえば，『周礼・地官・小司徒』に「田地争いは図面によって解決する（地訟以図正之）」とあるように，「田地争い（田訟）」や「水利

争い(水訟)」の案件を処理するには，過去の伝統的習慣にのっとって行わなければならないということである。

④　官吏の任免に関する訴訟——「続常職，出淹滞」

「続常職，出淹滞」というのは，政府機構を恢復させ，整え，賢才を任用し，無能な官吏を淘汰するということである。晋国には確かに「才能重視」の伝統があったが，これは疑いなく，「親親」の原則とは相容れないものである。「続常職，出淹滞」という法律は，晋国の「才能重視」政策の法律化，条文化であった。趙盾がこの法律を制定した目的は，奴隷主貴族の勢力を弱め，大量の非王室系の卿大夫を任用し，組織上，封建貴族の支配を強固なものとする点にあった。

以上のことから，趙鞅の鋳造した「刑鼎」＝「範宣子の用いた刑書」＝「夷蒐之法」は，ほぼ刑事法，動産訴訟，不動産訴訟，官職の四篇から構成されていたことが分かる。子産の三篇の「刑書」から趙鞅の鋳た四篇の「刑鼎」へと，内容，形式のいずれについても，大々的な一歩前進を遂げたのである。

(3)　六篇の『法経』と『秦律』

魯の昭公二九年(紀元前513年)に晋で「刑鼎」が鋳られてから李悝(紀元前455年～紀元前395年)が「諸国法から資料を集め，『法経』を著す」までに，およそ1世紀が過ぎた。この間，各諸侯国は法制変革や新興地主階級政権を強化するための政治や法律の実践の中で，不断に成文法の制定や適用の経験を蓄積し，大量の成文法規を公布した。そして，量的な面での充実は，必然的に形式上の完璧さや調和を要求した。『法経』はまさしくこのような背景の下で誕生したものである。

『晋書・刑法志』には，「秦漢の法律条文は魏の文侯の師李悝によって作られた。李悝は諸国の法律を整理し，『法経』を著した。彼は王者の政事の中で盗と賊の対策以上に急を要することはないと考えたため，『法経』の律

文は盗律, 賊律から始まっている。盗, 賊の逮捕や取り調べの必要から囚律, 捕律も作られた。軽狡, 越城, 博戯, 借假, 不廉, 淫侈, 踰制などの行為に関する規定はすべて雑律中にある。また, 刑罰の加重減軽に関する具律という規定もある。彼の作った六篇はいずれも罪名に関する規定である」[46]とある。また, 『唐律疏義』には, 李悝が「『法経』六篇を造った。一は盗法, 二は賊法, 三は囚法, 四は捕法, 五は雑法, 六は具法である」とみえている。

『法経』は, 盗, 賊, 囚, 捕, 雑, 具の六篇をもって当時の法令を一括したが, このようにすることの意義は次のような点にあった。第一に, 司法の統一に有利であり, 司法官が正確に法律を適用し, 罪を定め, 刑を科すのに便利であった。第二に, 立法を体系化し, 立法活動を歴史的沿革と横のつながりの双方に目配りするという科学的環境のもとで行い, 重複や抵触を避けるのに有利である。第三に, 実体法と手続法とのおおよその種分けをしたので, 客観的法則に基づいて法実践活動をリードするのに有利である。第四に, 法律文献の整理, 修訂, 解釈, 研究に有利である。要するに, 『法経』は新式の法令を集約的に体現したもので, 封建的成文法典の雛型だったのである。

李悝の『法経』から雲夢で発見された『秦律』までの約2世紀は, まさしく中国封建社会が諸侯による覇権争いから統一された中央集権的専制主義の封建国家に向かう転換期であり, また, 成文法が確立しそれが一応の成熟段階へと向かう発展期でもあった。『睡虎地秦墓竹簡』, とりわけその中の『法律答問』に記された内容からみると, 秦律は紛れもなく, 『法経』六篇の方式を継承している。

① 『盗律』

これは, 封建的財産私有制を擁護し, 盗犯行為を処罰するための法律規定である。これには, 父盗子（父が子どもの物を盗む）, 盗羊, 盗牛, 盗銭, 盗械（大きな器物を盗む）, 盗衣, 盗具（小さな器物を盗む）, 盗徙封（土地の境界を侵奪する）, 盗鋳銭（通貨を私鋳する）, 等の規定が含まれてい

第4章 「法治・成文法」時代の法文化

る。

② 『賊律』

これは，他人の身体に傷害を加えたり，他人の生命を剥奪することを禁止するとともに，こうした犯罪者を処罰するための規定である。たとえば，『商君書・画策』は，「あらゆる国は邪悪な行為を禁止し，盗と賊を処罰する法律を有する（国皆有禁姦邪，刑盗賊之法）」と述べている。これには，相闘，闘傷，賊傷，闘殺，賊殺，姦主，殴主，殴大父母，謀殺主，強攻群盗，等の規定が含まれる。

③ 『囚律』

これは，囚人の断罪，すなわち，刑事訴訟，判決，および刑罰の執行に関する規定である。これには，公室告（国法により国家の法廷で処断されるべき通常の犯罪処理手続），家罪（家族内部での処断が認められる犯罪処理手続），告不審（虚偽の訴え），誣告，失刑罪（司法官による不当な量刑），不直（司法官が故意または過失で無実の者を有罪とする），縦囚（司法官が不当に囚人を釈放する），滞獄（司法官が刑期を過ぎても囚人を釈放しない），等の規定が含まれる。

④ 『捕律』

これは，違法犯罪者の追捕に関する法律規定である。竹簡にはっきり『捕盗律』なる文言が書かれていることがその確実な証拠である。さらに，求盗，憲盗，捕亡，等の規定を含んでいる。

⑤ 『雑律』

これは，行政法規に違反する行為，および『盗律』，『賊律』に規定されたもの以外の諸種の犯罪に関する法律規定である。内史雑（内史の職務に関する規定），尉雑（廷尉の職務に関する規定），擅興奇祠（非合法な祠廟をたてる），擅強質（人質による貸借），棄妻不書（妻を離婚して，その届け出をしない）等の規定を含んでいる。

⑥ 『具律』

これは，刑罰の加重もしくは減軽に関する規定であり，加罪，減罪等の

規定を含む[47]。

第4節 「成文法」の基本精神と表現様式

秦朝は, 国運こそつたなかったものの, 成文法の最盛期とよぶに値する。1975年に出土した秦墓の竹簡は, 我々に秦の成文法の基本的な姿をまざまざと示してくれた。

1. 成文法の基本精神：広汎, 詳細, 正確, 厳格

「法治」精神の指導の下, 秦の支配階級は極度に法律制定を重視し, 天下のことは大事も小事も, すべて法の決定に委ねた。

(1)「諸々の物産は過不足なく, みな法式どおりである（諸産得宜, 皆有法式）」[48]

秦の支配階級は, 新興の搾取階級として, 旧い貴族階級とははっきり異なる特徴を備えていた。それは, 経済活動への関心である。『睡虎地秦墓竹簡』をみると, およそ農業生産, 牧畜業, 食糧保管, 運輸, 手工業生産, 商品交換, 見習い工訓練, 市場管理, 賦役, 漁業, 林業, 天災の制御, 等々, ほとんどの経済領域について, それに相応する法律の規定がおかれていたが, これは封建階級が法律という手段を用いて経済活動を管理しようとした最初の偉大な企てであった。

(2) 非常に詳細で, 細部にこだわる

秦の支配階級は, 各級の司法官に法によって円滑に事案を処理させ, 司法の統一を実現するために, 法律条文を非常に詳細に, また, 疑う余地のないほどはっきりと制定した。たとえば, 「其以牛田, 牛減絜（腰圍）, 笞主者寸十」[49]という規定がある。これは, 牛を使って田を耕すとき, 牛のウエストが一寸痩せるごとに, 責任者（主事）を十回鞭打ちに処す, という

第4章 「法治・成文法」時代の法文化　　　103

のである。また，たとえば，「五人が共同で盗みをはたらき，臓物が一銭以上の場合，左足を切断し，黥（入れ墨）の上，城旦（徒刑）に処す。五人未満の場合，臓物が六百六十銭を超えれば，黥，劓の上，城旦に処す。六百六十銭以下で二百二十銭以上の時は黥の上，城旦に処す。また，二百二十銭以下一銭以上の時は遷（追放刑）に処す」[50]という規定もある。ここには，盗犯の人数と臓物の価値と受けるべき刑罰とがきわめて明確に規定されている。

(3) 法律用語が正確で誤りがない

各級司法官に確実に法律条文を適用させ，また，正しく罪を定め，罰を科させるために，秦の支配階級は，司法上の解釈を指示するという手段を用いて，法律専門用語に対する簡潔で明確な解釈を施した。たとえば，「恣意的に子どもを殺せば，黥の上，城旦舂に処す（擅殺子，黥為城旦舂）」という律文について，「最近，子どもが生まれても，子どもが多すぎるというだけの理由で子どもの生育を望まず，養育せずに殺してしまう親がいる（今生子……直以多子故，不欲其生，即弗挙而殺之）」[51]という説明を施し，「殺子」の意味を父母が多子を理由にほしいままに自らの生まれたばかりの子どもを殺す行為に限定した。また，「家罪とは何か？　家罪とは，父親が人間や奴婢を殺したような場合，父の死後に誰かがそれを訴え出ても訴訟を受理しないことである（何謂家罪？　家罪者，父親殺人及奴妾，父死而告之，勿治）」；「家罪とは何か？　父親と同居している子どもが父の奴婢や家畜を殺傷したり，盗んだりした場合，父親の死後誰かがそれを訴えても，訴訟を受理しないことである（何謂家罪？　父子同居，殺傷父臣妾，畜産及盗之，父已死，或告，勿聴，是謂家罪）」等といった解釈例もある[52]。この二つの説明は，行為者の類型の違いという角度から，「家罪」の意味内容を全面的に説明し，さらに，その行為の範囲について，正確な限定を行っている。

(4) 出来るだけ厳格に，恩情少なく

　秦の支配階級は，「刑罰を用いて犯罪をなくす（以刑去刑）」，「軽罪に重罰を科す（重軽罪）」という原則の下に，元来犯罪行為に対して，非常に過酷な刑罰を規定していた。たとえば，「他人の桑の葉を盗採し，その贓物が一銭以下の場合，如何に処断すべきか？　三十日の賦役を科す（盗採人桑葉，贓不盈一銭，何論？　貲徭三旬）」[53)]という規定がある。これは何と厳しいことだろう。しかし，司法裁判においては，厳しくすべきか厳しくすべきでないかが問題となる特殊な状況に遭遇したときには，依然として，まずは厳しく処理した。たとえば，「律文では，してはならないと規定されたことをするのを犯令といい，しなければならないと規定されたことをしないのを廃令という。先例ではいずれも犯令として処断する」[54)]ことになっていた。また，「『錦の靴を履いてはならない』という規定があるが，『錦の靴を履く』とはどのようなことか？　律文によれば，異なる色の糸で出来た靴で，靴の上に柄があってはじめて錦の靴ということになり，錦を用いて作った靴というだけでは錦の靴とはいえない。しかし，先例は両者を同様に処罰する」[55)]ともいわれている。また，「借用した官有物を携帯して逃亡し，逮捕される，もしくは自首した場合，窃盗の罪とすべきかどうか？　自首した場合は逃亡の罪とする。逮捕された場合は，贓物の量に応じて窃盗の罪に問う。もし窃盗の場合の刑罰が逃亡の場合より軽くなるときは，逃亡の罪に問う」[56)]とされていた。また，「求盗〈官名〉が罪人を追捕しようとした際に罪人が求盗を殺した場合，その殺人者は「賊殺人」に問うべきか，それとも「闘殺人」に問うべきか？　闘殺人に問うべきだが，先例は賊殺人として処断する」[57)]ともいう。また，「嗇夫〈官名〉と偽って公文書に御璽を捺したら，如何なる罪に相当するか？　過去の判例は官印偽造の罪によって処断している（盗封嗇夫何論？　廷行事以偽写印）」[58)]という。これらは，いずれも出来るだけ厳しく，かつ少しも手をゆるめないという精神を表している。

2．成文法の表現様式：以罪統刑，諸法合体，法律令事

　ここで秦の成文法の様式というのは，その形式と体裁のことである。我々は分析の視角や分析のレベルを変えることによって，三様の異なる結論を得ることができる。しばらく，それらを「マクロ的表現形式」，「中間的表現形式」，「ミクロ的表現形式」とよぶことにする。

(1)「マクロ的表現形式」：「罪を基準に刑を統括する」
　判例法の体裁は「刑を基準に例を統括する」，すなわち，ある一種類の刑罰の下に若干の判例を排列し，その上で，刑罰の軽重によって犯罪行為の軽重を表示するというものである。以下に例示しよう。

　　　　墨刑——判例甲，乙，丙，丁，戊……
　　　　劓刑——判例子，丑，寅，卯，辰……
　　　　剕刑——判例一，二，三，四，五……
　　　　宮刑——判例1，2，3，4，5……
　　　　大辟——判例A，B，C，D，E……

そのうちに，時代の進展変化や司法の実践経験の不断の蓄積につれて，一部の非常に創造性に富む司法官が裁判のための調査検索の便宜という目的から，判例を新たに排列しなおして分類することを始めた。その際の分類の基準は，もはや形式のみに着目して内容を顧慮しない五種の刑罰にではなく，訴訟の内容，もしくは犯罪行為によってどのような社会関係が侵害されるかという点におかれた。かくして，新たな方式が出現した。「例を基準に刑を分類する」という方式である。以下に例示しよう。

　　　　判例甲——盗羊，処墨刑（羊を盗めば，墨刑に処す）
　　　　判例丑——盗牛，処劓刑（牛を盗めば，劓刑に処す）
　　　　判例三——盗馬，処剕刑（馬を盗めば，剕刑に処す）
　　　　判例4——盗兵器，処宮刑（兵器を盗めば，宮刑に処す）
　　　　判例E——盗礼器，処大辟（礼器を盗めば，大辟＝死刑に処す）

以上五種の判例は，いずれも同一の類型，すなわち窃盗行為に属する。かくして，ここから抽象されて次の命題甲が出てくる。
　「他人の羊，牛，馬，兵器，礼器などを盗んではならない。もし盗めば所定の刑罰を科す」。
　そのうちに，今度は，つぎの命題乙が導き出される。
　「他人の羊，牛，馬，兵器，礼器を盗む行為は窃盗罪とし，もしこれを犯せば所定の刑罰を科す」。
　こうして，同類の判例の中から引き出されてきた一連の罪名が相次いで誕生した。たとえば，窃盗罪，傷人罪，不従王命罪（王命に従わない罪）……このようにして，過渡的な方式が出現するにいたった。それが「刑を基準に罪を統括する」方式である。これを以下に例示しよう。

　　　墨刑――窃盗罪，傷人罪，不従王命罪……
　　　劓刑――窃盗罪，傷人罪，不従王命罪……
　　　剕刑――窃盗罪，傷人罪，不従王命罪……
　　　宮刑――窃盗罪，傷人罪，不従王命罪……
　　　大辟――窃盗罪，傷人罪，不従王命罪……

　さらに，司法官が五種の刑罰を罪名に照らして新たに排列しなおしたとき，こんどは次のような命題丙が導き出される。
　「およそ他人の羊，牛，馬，兵器，礼器を盗む行為は窃盗罪とし，羊を盗めば墨刑に処し，牛を盗めば劓刑に処し，馬を盗めば剕刑に処し，兵器を盗めば宮刑に処し，礼器を盗めば死刑に処す」。
　こうして，最終的に「罪を基準に刑を統括する」という新たな方式が出現した。以下に例示すると，

　　　窃盗罪――墨，劓，剕，宮，大辟
　　　傷人罪――墨，劓，剕，宮，大辟
　　　不従王命罪――墨，劓，剕，宮，大辟

の如くなる。
　「刑を基準に例を統括する」方式から「罪を基準に刑を統括する」方式ま

第4章 「法治・成文法」時代の法文化   107

では,非常に長い歴史過程を要した。そして,この過程は,「判例法」時代から「成文法」時代への転化の過程と歩調をあわせて発展した。このかなり長い期間のうちに,様々な要素が互いに併存し,かつ交互に盛衰をとげた。同時に,歴史的,文化的原因によって,各諸侯国の発展状況は不均衡であり,法律の表現形式の変化の程度も一様ではなかった。過渡期の特定の時期にあっては,諸種の法律の表現形式が相互に混ざり合い,縦横に交錯していた。ある法規範は,たとえば,「王公の祭祀に用いる食物をひっくり返せば,墨刑に処す（覆公餗,其形渥）」[59]とか,「男女が淫乱を犯せば宮刑に処す（男女不以義處者,其刑宮）」[60]といったように,具体的行為とこれに対する刑罰を規定して,罪名を規定せず,ある法規範は,たとえば,「守るべき規範をやぶるのが賊であり,賊をかくまうのが藏であり,財貨を盗むものが盗であり,国の宝器を盗むのが姦である。……これらはいずれも九刑に記載されており,忘れてはならない（毀則為賊,掩賊為藏,竊賄為盗,盗器為姦……在九刑不忘）」[61]というように,行為と罪名を規定して,刑罰を規定しなかった。また,ある法規範は,「昏,墨,賊は死刑に処す（昏,墨,賊,殺）」[62]というように,罪名と刑罰を規定して,行為を規定せず,ある法規範は,「職権を濫用するのは冒であり,職責を尽くさないのは慢であり,勝手に職を放棄するのは姦である。あなたにはこの三種の罪がある（侵官,冒也；失官,慢也；離局,姦也,有三罪焉）」[63]とか,「他人の牛馬を盗み,他人の奴隷を逃亡させる者は所定の刑罰に処す（窃馬牛誘臣妾,汝則有常刑）」[64]というように,行為を規定して,罪名と刑罰を規定せず,ある法規範は,「君主の命令に違反する者,輿服制度を改変する者,詐欺や強盗や傷害をはたらく者は劓刑に処す（觸易君命,革輿服制度,姦宄寇攘傷人者,其刑劓）」[65]というように,行為,罪名,刑罰のすべてについて規定していた。李悝の『法経』が現れて,やっと罪名を基準として法規範を組み立てるという新たな局面が形成された。たとえば,『盗法』や『賊法』はいずれも「罪を基準に刑を統括する」という新たな方式によるものであった。また,『秦律』中の某某律,たとえば,『捕盗律』『犯令律』『田律』『倉律』

『軍爵律』等々は,いずれも『法経』の諸篇の拡大版であった。

(2) 中間的表現形式:「諸法合体」

『法経』から『秦律』までの時期には,後世の封建法典のために,「諸法合体」という方式の基礎が固められた。『法経』に含まれる『盗法』,『賊法』,『囚法』,『捕法』,『雑法』,『具法』の六篇,および秦墓竹簡に所見の『田律』,『厩苑律』,『倉律』,『金布律』,『工律』,『徭律』,『司空律』,『軍爵律』,『置吏律』,『伝食律』,『効律』,『捕盗律』,『犯令律』,『除吏律』,『除弟子律』,『傅律』,『屯表律』,『游士律』,『藏律』,『戍律』,『戸律』,『公車司馬猟律』,『中勞律』,『識而不当之律』,『効贏不当之律』,『平罪人律』,『行書律』,『関市律』等々は,いずれも刑法,民法,行政法,訴訟法のいずれかの内容を含み,あるいは,それらを兼ね備えていたが,わけても刑法の規定が多かった。後世の封建法典の「刑法を主としつつ,諸法が合体（以刑為主,諸法合体）」しているという方式は,ここに起源を有しているのである。

(3) ミクロ的表現形式:法,律,令,事

ミクロ的見地からみると,秦の成文法は四種の形式から構成されていた。すなわち,法,律,令,事である。

『睡虎地秦墓竹簡・語書』に,「昔は百姓の間に各々異なる習俗があり,彼らが好むもの,厭うものはすべて異なっていた。それらの或るものは百姓にとって不利益であり,国家にとって有害であった。このため,聖王は法律を制定して百姓の考え方を正し,邪悪な行為を取り除き,悪い習俗を一掃した。しかし,法律の整備が不十分だったため,百姓の中にはずる賢く振る舞う者が多かった。このため,後にまた,しばしば法令が発布されることになった。あらゆる法律・法令は,いずれも百姓を教導し,邪悪な行為を取り除き,悪い習俗を一掃し,百姓に善を行わせるものでなければならない。現在,法律・法令はすでに整備されたが,依然として一部にこれを守らない官吏や百姓たちがおり,淫らで放埓な習俗にふける者が跡を絶

第4章 「法治・成文法」時代の法文化

たない。これは君主の大法を執行しないということである。……故に，私は法律・法令，すなわち田令および隠れた悪事を懲らすための法規を整え，官吏に命じて人々に公布し，官吏や百姓たちのすべてに法に背き罪を犯してはならないことをはっきりと理解させるのである。現在，法令はすでに公布されたが，聞くところによれば，法を犯し密かに悪事を行う官吏や百姓は跡を絶たず，自分勝手な振る舞いや旧来の習俗はいまだに改まらないでいる。……今や，私は巡視の者を派遣し，法令に従わない者を検挙して法により処断し，県令や県丞に対しても処分を行わねばならない」[66]とある。また，「およそ良吏はみな法・律・令・事に通暁しており，無能な者はいない。廉潔で忠実で正直な上，君主のために尽力することができる。彼らは役所の事務は独断専行することができないことを心得ており，そのため，公正な精神を身につけている。また，自ら襟を正すことができ，他人と別々に事務を処理するのを好まない。このため，仕事中に諍いを起こすこともない。一方，悪い官吏は法・律・令・事に通じておらず，廉潔でなく，君主のために尽力できず，怠惰で，問題の解決を回避し，すぐに問題をこじらせ，恥を知らず，軽率に悪口を言って他人を侮辱する。また，公正な精神がなく，礼を欠く行為がある。このため，論争にたけており，仕事中に好んで諍いをする」[67]ともある。

上述の文章から我々は次のような感触を得ることができる。第一に，秦人は「法律令事」を法規範の通称としており，かつ，「法・律・令・事」を司法官が日常的に触れて当然熟知しているはずの四種の法律文献とみなしていた。『史記・秦始皇本紀』に，趙高が胡亥に「獄律令法事」を教えたことがあるという記事があるのは，その証拠である。第二に，「法度」や「法律」は，比較的恒常的で原則的な法規範であり，「令」は比較的融通が利き，比較的具体的な法規範であった。「法律」では新たな情勢に対応しきれないために，随時制定し公布施行する「令」というものがあったのである。第三に，「令」の内容は，なすべき何らかの行為，もしくはしてはならないある種の行為を示すことであるが，「令」に違反すればこれに相応する「律」

に基づき刑罰に処すことになっていた。ここから,「律」の内容は「令」に比較して,より全面的であることがわかる。第四に,「法・律・令」は,最も基本的な法規範であった。このため,「いまではすでに法・律・令がともに備わっている（今法律令已具）」,「法・律・令を編纂する（修法律令）」,「法・律・令をすでに公布した（法律令已布）」などとはいうが,他方,「事」は「具」,「修」,「布」などの動詞とならんで出てくることはなく,司法官組織内部における了解事項に相当するものである。このため,司法官は必ず「事に明るくなければならず（明事）」,「事を知っていなければならない（知事）」のである。ここから,「事」とは「法律令」の補完物であり,司法官が裁判の中で参考にする内部法律文献,すなわち,判例,故事のことであることが分かる。

第5節 「法治・成文法」時代の功罪およびその遺産

「成文法」時代は,「判例法」時代の後をつぐ重要な発展段階である。その中国の伝統法文化史上における功績は,消し去ることのできないものである。但し,そこには避けることのできない限界もあった。「成文法」時代の歴史的遺産を前にして,後世の支配者は,教訓を得るとともに,新たに様々なことを考えさせられたのである。

1.「法治・成文法」時代の功績：あらゆる事が法により決まる（事皆決于法）

「成文法」時代には,統治者が「法治」を尊び,法制建設を重視し,法律という手段による社会生活の調整を心がけたため,「諸々の物産は過不足なく,みな法式どおりであり（諸産得宜,皆有法式）」,「あらゆる事が法により決まる（事皆決于法）」[68]という状況がもたらされた。

台頭してきた新興地主階級は,経済生産にあまり関心を払わない貴族の旧い伝統とうってかわって,積極的に法律を運用して経済分野の諸活動を

第4章 「法治・成文法」時代の法文化

管理し，農業，牧畜業，手工業，市場，交易，物価，商品検査，倉庫保管等の分野を管理する大量の専門的法規を制定した。このことは，社会経済の統一的制御およびその発展にとって有利にはたらいた。

新興地主階級は生産に関心を向けると同時に，人口，すなわち，労働力の管理にも注意を向けた。当時すでに「生存者を記載し，死者は削除する（生者著，死者削）」[69]という戸籍管理制度が作られており，法律にはさらに次のような規定もあった。小隷臣（奴隷）が病気で死亡したら，官に報告して処理しなければならない。「もし，小隷臣が病気以外の原因で死亡した時は，検死文書を担当官署に提出した上，処断を行う（其非疾死者，以其診書告官論之）」[69]。ここで特に指摘しなければならないのは，秦律が嬰児の生存権を認め，父母による「恣意的な子殺し（擅殺子）」を犯罪行為と規定していることである。嬰児殺しは，中国古代社会の陋習である。それは，家父長の特権であり，また，男尊女卑的な宗法思想の所産であった。春秋時代には，もうすでに嬰児殺し事件の発生がみられる。戦国期になると，土地私有制の一層の発展につれて，嬰児殺しもますます激しさをました。『韓非子・六反』は，当時「男子が生まれると祝福し，女子が生まれると殺す」という風習があったことを指摘している。秦律が子殺しを犯罪とし，これに刑罰を科したことは，客観的にみれば，生産力の再生産および人口の男女比率の均衡の維持を意味したわけだが，そればかりでなく，ある程度，古代における法意識の覚醒があったことをも示している。

2．「法治・成文法」時代の過ち：客観主義的な罪の帰責

歴史的，文化的制約のために，「成文法」時代には，立法，司法の上でいくつかの過ちを犯した。その主要な表れは，主観的動機を顧慮しない「客観主義的な罪の帰責」である。たとえば，秦律は次のように規定している。大通りで人を殺傷する事件が発生したとき，現場から百歩以内の距離にいながら，これを制止しに行かず傍観していた者は有罪とする。また，賊が甲の家に入って甲を殺傷したとき，甲が助けを求めて叫んだ場合，地方小

吏たる里典と伍老は，その時たとえ家に不在だったとしても罪に問う。また，甲が罪を犯して流刑となれば，その家族もまた流刑地に随行しなければならないが，甲が死亡もしくは逃亡した場合でも，その家族はやはり流刑地に赴かなければならない。また，ひそかに官の金銭を借用した者は窃盗罪と同罪とする。また，一人で贓物額百十銭の盗みを犯し，その妻と子が情を知りながら，その金で肉を買い皆で一緒に食べた場合，その妻と子は盗んだ者と同罪である，等々。漢が秦の制度を継承する際には，「客観主義的な罪の帰責」の伝統を継承したが，漢の武帝のとき，ある一つの事件があった。それは甲と乙が殴り合い，甲の子丙が甲の味方をして乙を攻撃し，あやまって甲を打ち，甲を死に至らしめたというものだが，当時の法律によれば，「殴父，当梟首」，すなわち丙は死刑に処すべきであった。また，『鹽鉄論・刑徳』には，「馬盗人は死刑（盗馬者死）」とされ，「車や馬に乗って道路を走行中の者が，官吏の停止命令を聞かずに停まらなかった時は，その者を盗馬の罪に問い，死刑に処す（乗騎車馬行馳道中，吏挙苛而不止，以為盗馬而罪亦死）」という記載がある。このような状況だったために，董仲舒が現れ，春秋決獄を用いて「行為者の主観的動機や目的を分析して罪を定める（論心定罪）」という方式を提唱したわけであるが，これは理由のあることだったのである。

　「成文法」時代のもう一つの誤りは，文化専制主義政策を推進し，民間の私的な学問を禁止し，典籍を焼却し，「法を教えとし，官吏を師とする（以法為教，以吏師）」[71]としたことであった。このようにして，法家を含む法思想や法学研究の正常な発展を窒息させ，本来豊富で多彩なはずの法思想の研究を「法令のいわんとするところを明らかにする（明法令之所謂）」[72]という狭い法律解釈学の領域に押し込めたのである。「法を教えとし，官吏を師とする」という方針は，法律の普及をもたらしはしたものの，その代償はあまりに高くつきすぎた。

3．「法治・成文法」時代の遺産：「混合法」

　「成文法」時代の法文化は，中国の伝統法文化の重要な発展段階であり，さらに，後世に対して巨大な影響を及ぼした。それは，以下のいくつかの点に表れている。第一に，「成文法」時代に確立された郡県官僚制を基礎とする中央集権的君主専制政体は，後の歴代の封建王朝の模倣するところとなった。第二に，「成文法」時代に基本的に整備された成文法典が後世の諸王朝の法規範の重要な形式となった。第三に，「成文法」時代の，地主階級による土地私有制を擁護し官僚や家父長の特権を擁護する法律精神は，後世の統治階級に継承された。第四に，「成文法」時代には，法実践の経験の不断の積み重ねを経て，一種の新しい法律様式が芽吹き始めた。それは，成文法典の適用と判例の適用とが互いに結合した「混合法」という様式である。この時代の判例＝廷行事の数はとても少なく，数十種の「律」やおびただしい数の「令」に比べると，全く取るに足らないようにみえるけれども，判例はついには一種の法律形式となり，かつ，しかるべき地位を確保した。秦簡の『語書』に，「およそ良吏は，みな法律令事を明らかにすることができる（凡良吏明法律令事，無不能也）」[73]とあるように，当時の統治階級は，すでに「事」（判例）に通暁し，これを適用することを「良吏」の業務の基準の一つとみなしていた。判例を適用することは，「成文法」時代の変質を内から促す触媒に匹敵するものであったが，判例適用という方式は，その後不断に大きく成長し，ついに，一つの新たな時代を切り開くことになったのである。

第5章 「礼法共同統治・混合法」時代の法文化

　西漢から清末にかけての二千年は，中国の伝統法文化の最も重要な発展期，すなわち，「礼法共同統治（礼法合治）・混合法」の時代であった。この間に，法思想の領域では，非常に際だった特徴が形成された。一つは「礼法共同統治」，すなわち，中央集権的君主専制国家を擁護する「法」と宗法的家族秩序を擁護する「礼」とが一体化したことである。もう一つは，法実践の方式の面で「成文法」と「判例法」とが相互に結合して，「混合法」という法律様式が形成されたことである。さらにこうした点と並んで，法機構と法技術もまた十分な発展を遂げた。この時代の法文化は，中国の伝統法文化の中核部分であり，その一連の特徴は，まさしく中国の伝統法文化全体の一連の特徴の集約的表現だといってもよい。

　荀子は，中国古代の最も傑出した思想家であり，かつ唯物論者である。先秦の諸家の思想は，ほとんどすべて彼の情け容赦のない批判を蒙っている。荀子の歴史上の功績は，儒家の「礼」と法家の「法」に手を加え，その上で，両者をより高次の理論レベルで有機的に結合させた点にある。彼はこれによって後世の封建時代の正統的学問の開祖ともなっている。二千年に及ぶ封建社会の正統な学問と法制は，いずれも荀子の設計した青写真の枠から抜け出ていないと言ってもよい。このため，荀子は「礼法共同統治」の先達であり，また，「混合法」の理論的基礎を固めた人物だということができる。

第1節　荀子の学：「礼法共同統治」と「儒法統一」

近代の学者譚嗣同は，かつて「二千年来の学問は荀子の学である」[1]と述べたことがある。この言葉は，封建社会のオーソドックスな学問のありのままの姿を深く掘り下げて概括したものである。

1．孔孟の礼と荀子の礼

荀子は「礼を尊ぶ（隆礼）」ことで有名である。ただし，荀子における「礼」は孔子，孟子におけるそれとは異なる。孔孟はいずれも「礼治」，すなわち「礼」の精神によって社会・政治生活を統御するという立場を堅持している。このことは主に二つの面に表れている。第一は，「礼の原則に基づいて国を統治する（為国以礼）」[2]ということ，すなわち，貴族政体および「自分の親族を親愛することを重視し（親親為大）」，「天子・諸侯の親戚身分の者が大臣となる（貴戚之卿）」という世襲特権を堅持したことである。第二は，「礼の原則に基づいて法を行う（為法以礼）」ということ，すなわち，宗法的等級観念を利用して，立法，司法活動を統御することによって，宗法的家族秩序を擁護したということである。このため，孔孟における「礼」は，国家政体と宗法的家族とがストレートに一元化された「礼」となっている。

荀子は，孔孟の「礼」に対して改造の手を加えたが，これは主として二つの側面からなっている。第一は，「礼の原則に基づいて国を統治する（為国以礼）」ことを排斥し，「縁故による人事（任人唯親）」や「官職身分の世襲（世卿世禄）」を行う貴族政体に反対し，「賢をとうとび能を使う（尚賢使能）」こと，「賢者・能者は身分を問わず登用し，愚者・無能者はすぐやめさせる（賢能不待次而挙，罷不能不待而廃）」こと，「王公貴族の子孫でも，礼儀にはげむことができなければ庶民に落とし，庶民の子孫でも，学問を積み，行いを正し，礼儀にはげめば卿相士大夫とする」[3]ことなどを主張したことである。この主張は，実際上，法家が設置するよう求めた封建

的官僚制度とぴったり一致する。第二は，依然として「礼の原則に基づいて法を行う（為法以礼）」という立場を堅持したことである。彼は，「礼は法の基本精神であり，類の指導原則である（礼者，法之大分，類之綱紀也）」[4]と述べ，宗法的等級観念によって立法と司法を指導することによって宗法的家族制度を擁護するよう明確に要求したのである。取捨選択を経て改造を行った結果，かつての「礼」は国家権力という陣地を奪われ，「国」と「家」が結合し一元化された「礼」は，「国」と「家」が分離し二元化された「礼」へと変化させられた[5]。さらに，荀子においては，「礼」の質的変化も生じている。それはまさしく彼が「礼が国家を正していくのは，はかりが物の軽重を明らかにし，墨縄が物の曲直を正すようなものである。ゆえに，人間は礼がなければ生存できず，物事は礼がなければ成就せず，国家は礼がなければ安寧にならない」[6]とか，「礼にそむく者は法を蔑視する者である（非礼，是無法也）」[7]などと述べたことに表れている。ここでの「礼」は，実際上，国家の「法」とほとんど違いのないものとなっている。

2．荀子の法と法家の法

荀子は，「礼を尊ぶ」ばかりでなく，「法をも重視している（重法）」。彼の「法」と法家の「法」の間には密接な関連があった。法家の「法」あるいは「法治」には二つの主要な内容が含まれている。その一は，世襲制と貴族政体を打ち破り，郡県官僚制を基礎とする中央集権的君主専制政体を打ち立てることである。その二は，法律を人々の言論や行動の是非曲直を弁別し賞罰を行うための最高基準として，厳格に法によって事を処理し，「親疎を分かたず，貴賤を分かたず，もっぱら法律に基づいて処断する（不別親疎，不殊貴賤，一断于法）」[8]ということである。荀子は，「徳行がなければ富貴にはなれず，能力がなければ官職にはつけず，功績がなければ賞を与えず，罪がなければ刑罰を科さない（無徳不貴，無能不官，無功不賞，無罪不罰）」[9]，「君主は国の最高位者である。……最高位者が一人ならよく治まるが，二人いる時は乱れる。昔から今まで二人の最高位者がその権力

を争いながら，長くその社会が栄えたためしはない」[10)],「君主の法制が明確であれば論議に常規があり，準則が設定されれば民衆も進む方向がわかり，臣下の進退に一定の基準があって，恣意的に貴賤を定めることがなければ，誰も君主に媚びへつらう者はなくなる（君法明，論有常，表儀既設民知方，進退有律，莫得貴賤孰私王）」[11)],「怒ってもむやみに人から物を奪いすぎることがなく，喜んでもむやみに人に物を与えすぎることのないのは，礼法を守ろうとする中正な気持ちが，私欲に打ち克つことができるからである（怒不過奪，喜不過予，是法勝私也）」[12)] などと主張している。これらの主張からすると，荀子の「法」は法家の「法」と基本的に一致していることが分かる。このことは，荀子がすでに前代の儒家の貴族的立場に反旗を翻し，法家と肩を並べて新興地主階級の側に立っていることを示している。

3．法と徳をともに重視

　荀子は「法治」を重視し，成文法典を制定公布してこれを強力に宣伝するよう主張した。このようにすれば，一方で各級官吏をして「その進退に一定の基準あらしめる（進退有律）」[13)] とともに，他方で，「天下の人々に他人の物を盗むのでは己の財産を作ることは出来ず，他人を傷害するのでは己の天寿を維持できず，国の禁令を破って勝手なことをしていては己の安泰は保てないことを知らせ，また，姦邪を働けばどんなに逃げ隠れても逃げおおせないことを知らせる」[14)] ことができるというのである。法律公布後は「慶賞や刑罰は必ず実施し，かつ信実正確（慶賞刑罰必以信）」[15)] でなければならない，すなわち，「信賞必罰」[16)] でなければならない。また，「功績がなければ賞を与えず，罪がなければ刑罰を科さない（無功不賞，無罪不罰）」[17)] ようにし，「親疎の別にとらわれず，貴賤の差異によって偏ることのないように（無恤親疎，無偏貴賤）」[18)] しなければならない。また，「身近な子弟におもねってはならず，疎遠な間柄の優秀な者を無視してはならない（内不可以阿子弟，外不可以隠遠人）」[19)] などとも主張している。これは

法家の「法は貴におもねらない（法不阿貴）」という精神と少しも違わない。荀子はまた，罪と刑のバランスがとれ，功と賞がその行為にふさわしいものであるべきことを主張し，「報償や刑罰はすべてその人の行為に対する応報であり，善には善報，悪には悪報がある。……賞がその功績に相当せず，刑がその罪に相当しないのは，非常な不祥事である」[20]と述べている。このため，彼は「罪を族に及ぼすこと（以族論罪）」（＝族誅）に反対した。これらの主張は，晋の法家の「軽罪に重罰を科す（重軽罪）」とか，「三族を誅する法を作る（造参夷之誅）」[21]などといった主張と比較すると，確かにひときわすぐれている。

一方，人間の本性に対する評価の面では，荀子は晋の法家とは異なっていた。晋の法家は，人間の本性はすべて「利を好み害をにくむ（好利悪害）」ものであって，それを変えることができないと考えたために，教化の効用を否定した。荀子は，「人間の本性は悪である（人性悪）」と考えてはいたものの，学習を通じてこれを変えることができると堅く信じていたので，教化を重視した。彼は教化が功を奏しさえすれば，「賞与を用いなくても民は仕事に励み，刑罰を用いなくても民は服従する（賞不用而民勧，罰不用而民服）」[22]と考えたのである。彼は「徳によって人を服させる者は王者たりえ，力によって人を服させる者は必ず衰退する（以徳兼人者王，以力兼人者弱）」[23]と指摘している。この見解は，孔孟とほとんど同様である。いずれも統治者と被統治者の同一性（相互に依存しあい，相互に転化する）という認識に基づいているのである。それはまさしく彼が「君主は舟であり，庶人は水である。水は舟を載せるが，他方で舟を転覆させもする（君者舟也，庶人者水也，水則載舟，水則覆舟）」[24]と強調しているとおりである。こうした徳重視思想こそ，荀子を儒家陣営に数えさせるための重要な根拠なのである。

4．儒家のひそかな官衙入り

西漢以後，かつて人一倍攻撃と抑圧を受けた儒学が徐々に復興した。民

間における教育という堅実な土台が儒学の生命力を保持させ，儒学の経典に通じた者を仕官させる（通経入仕）という政策が儒学を王朝の殿堂に引き入れさせた。かくして，歴史的重責を肩に負った当代の儒家たちが新たな一幕を演ずることとなった。

　儒学は現実離れしていて実用的でないために，長い間，学ぼうとする者がなかった。その上，商鞅が「詩書を焼き払って，法令を宣伝（燔詩書而明法令）」[25]したり，李斯が「焚書坑儒」を行い，また「密かに儒家の著作につき議論すること（偶語）」や，「儒書を隠し持つこと（挟書）」が禁止される事態が前後して発生したため，儒学は大打撃を蒙り，非常に困難な境遇に陥っていた。それでも，儒学はけっして断絶することなく，自らの故郷で依然として極めて大きな生命力を保ち続けていた。まさしくこの点について，司馬遷は『史記・儒林列伝』の中で，「戦国時代，天下は諸国の争いが止まず，儒学は衰退していた。しかし，斉と魯だけは儒者が絶えることがなかった」，「漢の高祖劉邦が項羽を滅ぼした後，兵を率いて魯を包囲攻撃した時，魯の儒者たちは依然として礼楽の講義や練習を続けていて，歌声や楽器の音が絶えなかった。これこそ聖人の教化を受けた礼楽の国というものではないか」，「斉と魯の人々が文学を愛好するのは，昔からの彼らの天性なのである」[26]などと述べている。

　儒者が初めて政治活動に参画したのは秦末のことであるが，これについては，「陳渉が王となると，魯の儒者たちは孔子から伝わる礼器を携えて陳渉に帰順した。こうして孔甲は陳渉のもとで博士となり，最後は陳渉とその死を共にした。……儒者たちはなぜ孔子の礼器を携えて陳渉のもとに行きその臣下となったのだろうか？　それは，秦が彼らの書物を焼き捨てたため，その怨みを陳王の力を借りて晴らそうとしたからである」[27]といわれている。

　儒者が正式に国家の政治に参画したのは高皇帝（高祖）のときであるが，このとき「叔孫通は漢朝のために礼儀を制定し，その功で太常となった。叔孫通に協力して礼儀の制定に参画した彼の弟子たちもみな官吏に任用され

た。そうして，彼らは大いに教育を振興させた」[28)]のである。儒者がその得意とする礼楽をもって政治の事業に参画し，さらに進んで官吏となることは，まさしく孔子の年来の夢であった。

5．孔子年来の夢想：「学問がよく出来る者が官途につく」

「学問がよく出来る者が官途につく（学而優則仕）」ということ，それが孔子をはじめとする儒家が夢にまで追い求めた理想であった。この理想は，漢の武帝時代になって徐々に実現した。高皇帝のときは，「まだ教育のことまで考える余裕がなく（未暇遑庠序之事）」，「孝惠帝や呂后の頃には，公卿の地位はいずれも武力で戦功のある者ばかりで占められており（孝惠，呂后時公卿皆武力有功之臣）」，「孝文帝はもともと法家の学説を好んでおり（孝文帝本好刑名之言）」，「景帝は儒者を登用せず（孝景不任儒者）」，「竇太后は黄老の術を好んでいた（竇太后又好黄老之術）」。この間，「博士たちは実権のない閑職について諮問を待つばかりで，重用される者はなかったが（諸博士具官待問，未有進者）」，それは，秦朝の時代に「七十人の博士を任用したが，諮問に備えるばかりで，重用された者はなかった（博士雖七十人，特備而弗用）」というのと全く同様の事態であった。しかし，漢の武帝の時代になって，形勢は一変した。武帝が「天下から品行正しく学識豊富な者を招集し，朝廷に任用せよ（延天下方正博聞之士，咸登諸朝）」という詔を下したのである。また，「道家や法家などの諸学説が退けられ，文学者と儒学者数百人が招集された。そして，公孫弘は儒家の『春秋』に習熟していたため，平民身分から天子の三公という要職に取り立てられ，平津侯に封ぜられた。こうして，天下の学者たちは次々とこの動きに追従した」[29)]という。

『史記・儒林列伝』は，公孫弘がかつて以下の四ヵ条の建議を提出したことを記録している。その第一は，「旧来の官職を復興し（因旧官）」，「五十人の弟子を博士の官に任用し，その者たちに対する課税を免除するとともに，太常が民間から一八歳以上で品行，容貌ともにすぐれた者を選抜して

博士の弟子にする」[30]というものである。第二は,「才徳兼備の者を選抜すること(選賢良)」である。「諸郡国の県,道,邑等の中に,文学を好み,目上の者を尊敬し,お上の教化に従い,郷里の風習に従い,言行の立派な者がいれば,選抜して郡県の長官を補佐させる」[31]というのである。第三は「文学の士を選抜する(挙文学)」というもので,「一年に一度試験を課し,その結果,儒家の経典の一分野以上に精通できていれば,文学掌故に任用し,成績の良い者は太常が上奏して郎中に任じ,特に成績優秀な者はその旨皇帝に報告し,皇帝が直接任用する」[32]というものである。第四は,「無能な官吏を罷免する(罷不材)」というものであり,「下級官吏は学識がないので重用することはできず(小吏浅聞,不能究宣)」,また,「もし学問に身を入れない者,才能がない者,あるいは一部の儒家経典にも通ずることが出来ない者がいれば,いずれも罷免する(其不事学若寡材及不能通一芸,輒罷之)」というものである。武帝はこれらすべての建議を承認し実行に移した。こうして,儒家の「学問がよく出来る者が官途につく」という理想がついに実現したのである。

6. 表面では六経を唱え,裏では荀子の学説を行う(明倡六経,暗行荀術)

西漢初期,支配階級は統治思想となるべき理論を模索していた。当時,法家思想は秦朝が暴虐にしていち早く滅亡したため,きわめて評判が悪かった。墨家は「官が永久に貴いことはなく,民が終生卑しいわけではない(官無常貴,民無終賤)」[33]と主張し,また,「労力を費やさずに,その収穫だけを獲る(不与其労獲其実)」[34]ような搾取行為に反対していたが,これは明らかに時流に合わなかった。「清心寡欲にして無為(清静無為)」たることや,「法律を少なくし,刑罰を多用しない(約法省禁)」[35]ことなどを主張する黄老の学は,かなり効果がありそうに見えたものの,あまりに消極的であって,割拠勢力を弱体化して中央政権を強化するのに不利であり,富国強兵して外患を防ぐためにも不利であった。かくして,支配階級は,最終的には儒学に目を止めることとなった。儒家は「礼楽の制定や軍事討伐は

第5章 「礼法共同統治・混合法」時代の法文化

天子の命令による（礼楽征伐自天子出）」[36)]という「大一統」王朝を建設するよう主張したばかりでなく，君臣，上下，尊卑，長幼の序も強調していた。また，徳政教化を重視したばかりでなく，法律や刑罰の役割を一般的に排斥することもしなかったので，王朝の根本的な利益や社会の安寧を擁護するのに有利であった。かくして，儒学が統治者のお眼鏡にかなうこととなったのである。

武帝は董仲舒の意見を採り入れ，「百家を排斥し，六経を誉め称え」[37)]，もっぱら孔子の学説のみを尊んだ。それ以来，孔孟の学が封建社会全体を通じての正統な学問とされた。ただし，この頃の儒学はけっして孔孟本来の儒学ではなかった。孔孟は貴族政体を主張し，また，徳や礼を重んじ，刑法を抑制していたのであって，その説は明らかに漢初の情勢には適していなかった。このため，「書物を著して荀子を称え」[38)]，荀子の学の要点を深く理解していた董仲舒は，表向きは孔孟の道を重んじながら，他方で実は荀子の方法に従った。董仲舒の政治・法律観は，主として以下の二点をその内容としていた。その一は「天人合一」の君権天授説である。これは天子は天の子であり，天下の聖明（非凡で賢明な存在）である，天子は天意を承けて天下を治めるが，天子の統治が妥当を欠き，みだりに刑罰を行使すれば，天は必ず災異をもたらして，天子を咎め誡める，というものである。このようにして，帝王の要求する，君権を神格化し中央集権政体を強化するという望みを満足させたばかりでなく，君主の専断を制限するという儒家の伝統的主張にも配慮したのである。その二は，「徳を重視し刑を軽視する（大徳小刑）」という説である。これは，天道には陰陽があるが，陽が主で陰が従であり，陽が徳であり陰が刑である。ゆえに，国家を治めるためには，徳を主とし，刑を従としなければならない，というものである。このようにして，儒家の「徳を重視し刑を軽視する（重徳軽刑）」という伝統的見解を神聖化したばかりでなく，こっそりと，刑法を天道の一翼という神聖な地位へと持ち上げたのである[39)]。以上にみた主張は，荀子の学の巧妙な翻刻にすぎない，つまり董仲舒の役割は，荀子の説をうまく言い換

えたにすぎない。このため，近代になって譚嗣同が「二千年来の学は荀学である」[40]と述べたのである。

第2節　荀子の法：「混合法」の理論的基礎

荀子は，かつて，間もなく出現しようとしている封建王朝のために，厳格かつ整備された国家統治理論を提供し，さらに，将来の立法，司法活動のために，ワンセットの有効な方策を設計した。そして，封建社会全体を通じた法実践活動が，まさしく荀子の指示した方向およびモデルにしたがって進行したことは，その後の事実によって証明されているところである。このため，二千年来の法は荀子の法であった，と一言で概括しても，全く問題ないのである。

1．礼，法，類

荀子は「礼は法の基本精神であり，類の指導原則である（礼者，法之大分，類之綱統也）」[41]という名言を残している。礼とは，宗法的道徳倫理観念のことであり，法とは成文法典のことであり，分とは根源もしくは基礎のことである。類とは判例や故事および判例や故事に体現される法原則のことであるが，時に統治階級の法意識や法政策を指すこともある。また，綱紀とは指導原則のことである。全体の主旨は，宗法的道徳観念が成文法典を制定し判例を創りあげるための指導原則である，というものである。これは，まさしく孔子の「礼楽が盛んになれば，刑罰も適正なものとなる（礼楽が振るわなければ刑罰は不適正なものとなる）（興礼楽，中刑罰）」[42]という思想を全面的に展開したものである。「成文法」時代には，支配階級はすでに法律を用いて宗法的家族制度を擁護することに意を用い始めていた。たとえば，秦律における「非公室告（官が受理しない卑属の尊属に対する告訴）」[43]の存在はそのことを証明している。荀子の上記の命題は，上に述べたやり方についての高度な総括であり，概括である。後の封建社会にお

いて行われた,「経書を引いて判決する（引経決獄）」,「経書を引いて律を注釈する（引経注律）」,「礼を律に取り込む（納礼入律）」などの方式は,いずれも荀子のこの命題が社会的に実現されたものにすぎない。

2．法，類

荀子は,さらに「法律があれば法律によって裁判し,法律がなければ先例を参照して裁判するのが聴訟の極致である（有法者以法行,無法者以類挙,聴之尽也）」[44]という司法裁判原理を提起している。その主旨は,裁判において,援用すべき既存の法律条文があれば,その法律条文に照らして罪を定め刑を科す,法律条文がなければ,過去の判例を援用するが,もし,判例がなければ,支配階級の法意識や法政策によって罪を定めて量刑し,判例を創出する,というものである。「成文法」時代には,裁判活動は厳格に法によって処理しなければならず,司法官の主観的な裁断は許されなかった。しかし,法律条文はどんなに詳細に規定しても,余すところなく,必要なすべての事項について規定しつくすことは不可能である。法律の明文のない情況のもとで,法政策に基づいて,いくつかの判例が創出されたこともある。『秦律』の中に若干の「廷行事」が存在することがその証拠である。荀子は,「成文法」時代の,成文法典を主とし若干の判例を手助けとする裁判方式について総括を行った結果,やっと「法律があれば法律によって裁判し,法律がなければ先例を参照して裁判する」という司法原理を導き出したのである。

3．法義，法数

荀子は,「不知法之義而正之数者,雖博,臨事必乱」[45]と説いている。ここにいう「法義」とは法律の原理,すなわち立法の主旨あるいは法意識のことであり,「法数」とは,法律条文あるいは判例の具体的内容のことである。すなわち,引用文の大意は,ある司法官が,もし,法律の原理や立法の主旨を理解せず,ただ法律条文や判例の具体的内容を知っているにすぎ

ないとしたら，彼の精通する法律条文や判例がどんなに多くとも，具体的な案件に遭遇したときには，なすすべを知らずに混乱してしまうことを避けられない，というものである。この命題は法意識の重要性を強調するものであるが，それは司法官の主観的能動性の価値を強調することと同じである。荀子の求める司法官とは，法意識に精通し，臨機応変に事にあたることに長じた法律専門家であって，「成文法」時代におけるような，ただ単に「法律条文の文字面（法条之所謂）」を知るのみの法律執行の職人などではなかったのである。

4．人，法，類

　荀子は，「法不能独立，類不能自行，得其人則存，失其人則亡」[46]と述べている。その大意は，法律はひとりでに発生するはずはなく，判例もひとりでに適用されるはずはない。すぐれた司法官がいて法律や判例を掌握していれば，さまざまな知識や道理を勘案して全面的に理解することができるが，すぐれた司法官がいなければ，法律や判例も形だけの飾り物にすぎなくなり，その機能を発揮できない，というものである。

　荀子がここでいう「人」とは，「為政在人（為政の成否は賢能の人を得られるかどうかによる）」とか，「其人存則其政挙，其人亡則其政息（賢能の人がいれば，国の統治は成功し，賢能の人がいなければ国の統治は行き詰まる）」[47]という場合の「人」とは異なる。これらの用例の「人」は広く統治者，とりわけ最高統治者を指すのに対し，荀子のいう「人」は限定的に法律の分野で専門に仕事をする者のことを指している。荀子の考えでは，司法活動においては，「人」，「法」，「類」の三者のうち，「人」の役割が第一であり，決定的である。法律条文はどんなに詳細に規定しても，さまざまの複雑な情況をすべて網羅しつくすことはできない。このため，裁判においては，司法官が具体的状況に基づいて機動的かつ弾力的に自分で思考し，さまざまな知識や道理を総合的に勘案して理解するのに頼らなければならない。「法規はその適用に際してよくこれを論議しなければその効力の

第5章 「礼法共同統治・混合法」時代の法文化　　127

及ばないところができて,法規が役に立たないこととなり,職務に任じてもその仕事に通暁しなければ,その職務の及ばないところができて必ず失敗することとなる。ゆえに法規についてよく論究し,職務に通暁し,善いはかりごとで採用されないものはなく,善言で忘れられているものもなく,何事も過失がないなどということは,君子でなければとてもできることではない」[48]というのである。司法官は法律条文に通暁していなければならないばかりでなく,法律条文が依拠している法意識をも掌握していなければならない。「もし人に行為の規範である法がなかったら,迷って身の処置に窮するであろうし,たとえ法があっても,その精神を理解していなければ,行為に自信がなく,落ち着かぬ結果となるだろう。だから,法の精神をよく知った上でこれにより,さらに,類を深く理解してはじめて含蓄ある穏やかな安定が得られる」[49]という。法意識というものは比較的安定的な要素である。「類相互が根本的に相反するものでなければ,時代が永く経過していても,古今を通じてその筋道は変わらない（類不悖,雖久同理）」[50]という。このため,司法官は,「聖王の制定した法度を法とし,その法にのっとって根本的法則を求め（以聖王之制為法,法其法以其統類）」[51]なければならない。法意識を掌握したら,「突然事件が起こっても,すぐに統類を挙げてこれに対処し（卒然起一方,則挙統類而応之）」[52],「類例という尺度で類をはかり（以類度類）」[53],「統類によって雑多な問題に対処し,根本の一道によって万般の事象を処理し（以類行雑,以一行万）」[54],「類推によって一切の物事に対応する（推類接誉,以待無方）」[55]ことができるというのである。

5．治人と治法

　荀子は「有治人,無治法」と主張した。その意味は,完全無欠の「人」は存在しても,完全無欠の「法」は存在しないということである。これには三様の意味が含まれている。その一は,法は人間が制定するものだということである。「君子が法の源であり（君子者法之原也）」,すぐれた「人」がいて,はじめてすぐれた「法」を制定できるというのである。その二は,「法」

は「人」を頼りに執行するものであり，すぐれた「法」があってもすぐれた「人」がいなければ，無駄だということである。「羿の射法は亡んではいないが，羿の後継者が代々標的に的中させ続けるというわけにはいかず，夏の禹王の法は今も伝わっているが，その子孫は代々王の地位を保ち続けるわけにはいかない。ゆえに，法はそれ自身の力のみで維持することはできず，類もそれ自身の力だけで施行することはできない。これにふさわしい人物が得られれば存続し，ふさわしい人物がいなくなれば亡びてしまう」[56]というわけである。その三は，法律は何から何まで遺漏なくカバーすることはできないばかりでなく，臨機応変に対応することもできないのであって，すべては「人」の力に頼って，ことを行うしかないということである。すぐれた「人」がいれば，「法律の規定の数は少なくとも，法があまねくいきわたるに充分であるし（法雖省，足以遍矣）」[57]，すぐれた「人」がいなければ，「法律規定が備わっていても，秩序を保てず，臨機応変に対処できず，混乱を招く（法雖具，失先後之施，不能応事之変，足以乱矣）」[58]という。結局のところ，「良法があっても国が乱れることはありうるが，君子がいながらその国が乱れることは，古来まだ聞いたことがない（有良法而乱者，有之矣，有君子而乱者，自古及今，未嘗聞也）」[59]というわけである。

6．荀子の青写真

荀子は，「成文法」時代にあって，懸命に司法官が主観的能動性を発揮すべきことを強調したが，その際の彼の標的は，単一で一面的な「成文法」であった。彼の考えでは，国家を統治するには，詳細に整備されたすぐれた法律に頼るのみでは全く不十分であって，これに加えて，支配階級の法意識を核に据えて，判例の価値を充分に重視すべきであった。荀子の目的は，博聞強記で法律実務の操作に長じた技術者を，法理を深く理解し，法律のことなら万事お手のものの法律の大家に仕立てあげることにあるというよりも，むしろ，一つの新たな法実践方式を打ち立てることにあった。彼はある青写真を描いたのだが，これこそ「法律があれば法律によって裁判し，

第5章 「礼法共同統治・混合法」時代の法文化　　129

法律がなければ先例を参照して裁判する（有法者以法行，無法者以類挙）」[60]
という，「成文法」と「判例法」が相互に結合した「混合法」方式にほかならない。

第3節 「議事以制」と「人法之辯（人か法かの論）」

「妥当な先例故事を選んで事案を裁断する（議事以制）」こと，および「人の重視（重人）」は「判例法」時代の所産であり，「法の重視（重法）」は「成文法」時代の所産である。これらの方式は，「判例法」と「成文法」が相互に結合した「混合法」時代においても，依然として頑強に自己を主張し続けたが，他方で，すでにその本来の姿からは変化を遂げていた。

1．「議事以制」：封建時代の法律家の反省と計画

『晋書・刑法志』によると，晋の恵帝の時代には，「議事以制」の風潮がすでに盛んになっていたという。上は皇帝から下は下級司法官まで「議事以制」を行わない者はなかった。皇帝自ら裁判する際は，「委曲を尽くした妥当性を求め（事求曲当）」，司法官は，「牽強付会な方法で君主の意に迎合しようとした（牽文就意，以赴主之所許）」。このようなやり方は多くの問題を発生させたのであり，『晋書・刑法志』は「政治が群臣の手で行われるようになり，困難な訴訟事案が発生するたびに，各自の私見による主張がなされ，刑法は不統一となり，訴訟がはびこった（政出群下，毎有疑獄，各立私情，刑法不定，獄訟繁滋）」と述べている。このため，当時の法律家の論議を呼ぶところとなった。

たとえば，尚書裴頠は上奏して次のように述べた。「刑法の条文には限りがあるが，違法犯罪の態様は概括しきれないほど多様である。このため事案ごとの具体的な情況に照らして処断するという制度があるのである。実際，常に法律を根拠に裁断するというのは不可能である」[61]。ただし，「事案ごとの具体的な情況に照らした処断（臨時議處）」とはいっても，法定の

手続に符合するものでなければならず,「巡検や上奏弾劾の方法については明文の規定を置くべきである（案行奏効，応有定准）」といわれている。三公尚書の劉頌はまた，上奏して次のように述べた。「天下は非常に広大であり，なすべき事柄は多種多様であるから，時としてすべてが法律の規定通りにはいかないこともある（天下至大，事務衆雑，時有不得悉循文如令）」。だからこそ，「議事以制」には合理性がある。ただし，そのためには以下のような条件が満たされる必要がある。第一に，「議事以制」は「名例」を根拠としなければならない。すなわち，「法律による断罪は，本来すべて法律の正文によるべきであり，もし正文がなければ，名例の規定を根拠に処断しなければならない。そして，正文，名例ともに規定のない場合は，断罪してはならない」[62]。第二に，司法官は裁判において各々の意見を表明してもかまわないが，自ら「議事以制」を行ってはならない。「司法官は法律条文を遵守し，法律条文を命より大事なものと考え，あえて法律制度に違反して個人的な好悪の情によって案件を裁判するようなことをしてはならない（主者守文，死生以之，不敢錯思于成制之以差軽重）」のである[63]。また，「司法官が事案を断ずる際は，律令のみを遵守すべきであり，法律の適用について意見が異なる場合にのみ，異議を唱えることが許される（守法之官唯当奉用律令，至于法律之内所見不同，乃得為異議也）」という。第三に，大臣と皇帝のみが独自に「議事以制」を行使する権限を有する。「法条の規定がなく，名例にも言及のない行為については，大臣が討論して法の欠缺を解決してもよい（事無正名，名例不及，大臣論当，以釋不滞）」のである。「君臣の名分は異なり，各々その職分がある。法を統一的に施行させるために，司法官には法律条文を遵守して事案の解決にあたらせるが，法理では行き詰まった場合には，大臣の討論によって解決をはかる。事案が臨機の対応を必要とする場合は，君主の手で処断する」[64]というわけである。また，熊遠は上奏して次のように述べている。「法律条文は抽象的なものであって，万事を漏れなく包括することはできない。物事の実情を整理しこれを加工して，やっと法律が出来るのである。もし，常に具体的な実情に

第5章 「礼法共同統治・混合法」時代の法文化

即してたやすく法律の規定を改変していては，情[65]によって法を破壊することになってしまう」[66]。「大臣が意見を述べる時は，必ず法律条文もしくは儒家の経書を援用しなければならず，情理のみを根拠にしてはならない。さもなければ，客観的な基準なしに現行法典を損なうことになる」[67]。「およそ反対意見を述べるに際しては，もしそれが法律の規定と一致しない場合には，儒家の経書もしくは過去の判例や故事を挙げなければならないのであって，情理によって法律を破壊してはならない」[68]。「臨機応変に対処して先例を作るのは，君主のみに可能なことであり，臣下が単独でこれを行うことはできない」[69]等々。

これまでの議論は，以下の数点にまとめることができる。第一に，司法裁判に際しては，成文法があれば成文法を適用しなければならず，「もし法律条文が不十分であれば，改正すべきであり（設法未尽当，則宜改之）」，司法官吏は厳格に法によって処理しなければならない。すなわち，「法律は一旦制定されれば施行することになるが，その施行は季節の運行のように正確で，金石のように堅固なものでなければならず（法軌既定則行之，行之信如四時，執之堅如金石）」，「司法官はひたすら律令の通りに事を行わねばならず（守法之官唯当奉用律令）」，「法律以外の理由を援用して臨機応変に便宜的な対応をしたりせずに，司法官の守るべき職分を明らかにしなければならない（不得援求諸外論随時之宜，以明法官守局之分）」のである。第二に，司法官は「異議を唱え（得為異議）」，自らの意見を述べることができるが，それはとりとめのない，根拠のない意見であってはならない。すなわち，「経伝（経書およびその注釈）」の義に合致し，「過去の判例や故事（前比故事）」を遵守した上で，文書の形に整理して朝廷に上奏しなければならず，恣意的に「情理によって法を壊す（以情壊法）」ようなことがあってはならない。第三に，「人をみて制度を設けるのは君主の行為であって（観人設教，在上之挙）」，大臣と皇帝のみが「議事以制」の権限を有する。そこで，法律家たちは万に一つの失敗もないワンセットの司法の方策を設計した。それが，司法官が厳格に法によって判定を下すが，解決困難な案

件に出合ったら，法律条文，「経伝」の義，および過去の判例や故事（前比故事）を添えて朝廷に上奏し，これを受けて大臣が集団で討論し，方策を考え出して皇帝に上奏し，これにつき皇帝の親裁を受けるという方式であった。

　長期にわたる法実践の経験をつうじて，封建時代の法律家は以下のような事実を認識するにいたった。第一に，成文法は欠缺のあるものであり，各種の複雑な情況を網羅することはできず，また，臨機応変に対処することもできない。第二に，「議事以制」の基本精神には永続性があり，もしこれがなければ，成文法の欠缺を補うことはできない。第三に，「議事以制」は，司法過程の中で司法自ら立法するのと同じことであるが，中央集権的君主専制政体の下では，君主のみが最高立法権を享有し，司法官は司法上の職権を有するのみである。ここにおいて，「議事以制」は，それ自身の内に立法権と司法権との間の形式上の矛盾，たとえば，君主と臣下との身分関係の建前上の背理を深く内包しているのである。「政治が群臣によって行われる（政出群下）」という局面と君主が最高の立法，司法権を掌握する集権的政体とは併存することはできないものである。このため，必ず「議事以制」の永続性と君主集権の独断性とは統一されなければならない。第四に，君主の独尊的地位は，君主を法律や群臣をはるかに凌駕する地位に置く。君主は具体的な情況を根拠に「非常之断」を下してもよいが，この特権は，「君主のみが享有しうるものであって，これに仕える臣下が関与すべきものではない（唯人主専之，非奉職之臣所得擬議）」。「これは君主のみに出来ることであり，臣下が単独でこれを行うことはできない（此是人君之所得行，非臣子所宜専用）」のである。

　以上の点から，「混合法」時代においては，元来の「判例法」時代の「議事以制」の裁判方法はすでに中央集権政体によって姿をねじ曲げられ，普遍的で全面的な「議事以制」が片面的で独占的な「議事以制」へと変化させられていることが分かる。司法官の主観的能動性は最小限に制限される一方，君主の司法権が大々的に拡張されたのである。

2．「人と法の両立」：「人か法か」の議論の帰結

　法実践活動において，「人」と「法」とは二つの最も基本的で不可欠な要素であり，両者は互いに補強しあい，補完しあっている。しかし，春秋戦国時代という特殊な歴史的時期においては，「成文法」が「判例法」に取って代わり，集権政体が貴族政体に取って代わり，「法治」が「礼治」に取って代わるという特定の背景の下に，「人の重視（重人）」と「法の重視（重法）」という二つの考え方の対立が前面に出てきた。前者の考えでは，法実践活動においては，支配階級の成員たる「人」が第一義的で，「法」は第二義的なものであり，すぐれた「人」がいれば天下をよく治めることができるとされる。後者の考えでは，法実践活動においては，支配階級全体の意思たる「法」の機能が第一義的で，「人」は第二義的なものであり，完備された「法」があれば，たとえ「人」はあまり賢明でなくとも，よく国を統治することができるとされた。

　「混合法」時代に入ると，「人」か「法」かに関する議論は次第に下火になり，「成文法」と「判例法」それぞれの消長につれて，時おりいずれかを重視するような議論が行われるにすぎなくなった。唐代以後になると，法制が完備し，支配階級はすでに千年近くにわたる実践経験を蓄積し，法思想の面では，徐々に「人・法ともに重視（人法并重）」という観点が形成された。その具体的表現が「法」の威厳と「人」の臨機応変性をともに重視するという方式であった。

　宋代の欧陽修は「正規の法典があれば法典に依拠し，正規の法典がなければ情理に依拠して裁判する（已有正法則依法，無正法則原情）」[70]と述べている。また，王安石は「天下は非常に大きなものなので，もし整備された法制度がなければ統治できないし，また，もし数多の賢臣がいなければ治めることができない」[71]，「もし朝廷の官吏が無能であり，かつ法制に違背していれば，昔から今に至るまで，まともに統治を行うことは不可能だっただろう」[72]，「司法官が事案を断ずる時は，ひたすら法律を奉じてこ

れに従わなければならない。情理に依拠した対処をしてよいかどうかについては，皇帝に上申し，その判断を受けて決定する。もし法律を顧みずにたやすく裁判が行われるならば，法制は破壊され，人民はなすすべを失うだろう」[73]などと述べている。また，蘇軾は，「法律のみに依拠して人の役割に頼らなければ，法律が妥当しなくなった時に，さまざまに変化する状況に対応することはできないだろう。他方，人にのみ頼って法律に依拠しなければ，人々は各自の主張を展開するばかりで，統一的な基準は定まらないだろう」[74]，「人を重視して法を軽視すれば，法はその役割を失い，法を重視して人を軽視すれば，人はその役割を失ってしまう。人と法の両方とも重視して互いに支えあわせれば，天下は安泰となる」[75]などと述べている。また，朱熹は「一般に，立法には必ず欠点がともない，欠点のない法律は存在しない。最も重要なのは賢人を得るということである（大抵立法必有弊，未有無弊之法，其要只在得人）」[76]，「昔の立法は大綱のみであったので，官吏は自由に裁断することができた。後世の立法は非常に詳細になったため，官吏は法律の規定に基づいて処理することしかできなくなった。このような法律のもとでは，たとえ賢徳の人が優れた裁断を行おうとしても，どうにもならないのである」[77]，「法律は，あまり詳細に規定しすぎて裁量の余地のないものは良い法律とはいえない。裁量の余地が残っているものこそ良いのである」[78]などと述べている。さらに，明代の丘濬は，以下のような点を強調している。「法律は単に一つの大綱を規定したものにすぎないのであって，司法官にはこれと現実との間のずれや変化を解決する余地が残されている（法者存其大綱，而其出入変化固将付之于人）」[79]。また，「定まった法律を守るには，臨機応変な司法官を任用すべきこと（守一定之法，任通変之人）」[80]，「法律を遵守するばかりでなく情理にも順応すべきこと（守法而又能于法外推情察理）」[81]，「ある行為について律に規定がなく，令に規定があるときは，令の規定によって裁断する。法律の規定に依拠するのみでは裁断できない場合は，法条と先例とを援用して上申し，皇帝の判断を仰ぐべきこと」[82]等々が必要である。また，清初の王夫之は，

第5章 「礼法共同統治・混合法」時代の法文化

「統治に際しての悪弊は,法律のみに依拠して人に頼らないということである。法律とは,まさか天子一人のみが臣下の監督のためにそれを用いることができるというものではあるまい。正しい統治方法とは,良き官吏を選抜して,彼らに法律を執行させることである」,「人のみに依拠して法を顧みなければ,臣下は徒党を組んで私利私欲を専らにし,君主は自らの好悪を基準に行動し,人々は正業に身を入れず,虚名を追い,自らの欲望に身を任せるといった悪弊が生ずるだろう」,「法律にはメリットもあれば,デメリットもある」,「天下には不変の道理はあるが,不変の法律というものはない。不変の道理とは,賢人を任用すること,民生を安定させること,賢人を近づけ姦人を遠ざけること,などである。他方,不変の法律はないというのは,法律には興廃があり,繁簡があり,必ず時と共に変化して固定させることができないということである」,「具体的情況を根拠に法律を適用すれば,時勢に応じて適宜処置することになるため,時代ごとに変化を生じ,同種の事案に対して異なる処分が行われることになる。いっそのこと,時勢に応じて適宜処置することにし,既成の法律を固守して道理を損ねることのないようにする方がよい」,「法律の内容は有限であるが,違法な情況は無限にある。有限な法律によって無限に存在する行為をカバーしきろうというのは,実際,非常に困難なことである。かくして,法律の外側に例が生じ,例の外側にまた朝廷の許可を経た令が生じたのであるが,それらはいずれも無限に存在する行為を規律し,犯罪を消滅させることを目的としている」[83]などと述べている。清末の沈家本は総括して,「法律の善悪はやはり法律を用いる人次第である。もし賢能の人がいなければ,法律がいかに完璧であっても,無駄なことである」,「一般的に言って,もし司法官が賢人であれば,法律がたとえ非常に厳しいものであっても,法の執行において寛容で慈悲深い精神を現すこともできる。一方,もし司法官が賢人でなければ,法律がたとえとても寛大なものであっても,法の執行において違法に残虐な行為が行われることがありうる」,「良き法は,それに加えて良き司法官をも必要とするのである」[84]などと述べている。

要するに,「混合法」時代においては,「成文法」が詳細に整備されて時代のニーズに適合しているときには,往々にして「法」の機能が強調され,厳格に法によって処理することが強調される。他方,「成文法」が現実生活から遅れをとって時代のニーズにあまり適合しなくなったときには,しばしば「人」の機能が突出し,柔軟性や機動性の必要が強調される。また,法制建設があまり整備されておらず,そのため司法の混乱がもたらされているときには,法によって全国の裁判活動を統一すべきことが特に強調されるため,「法」の機能が強調される。しかし,総じて言えば,先秦時代の,あの「人」と「法」を截然と対立させる論法は,すでに過去のものとなっている。「成文法」と「判例法」が有機的に結合する「混合法」時代にあっては,「法」および「人」の機能は,いずれも不可欠な同等の重要な地位に置かれるのであって,ある特定の背景の下において,いずれかが少しばかり重視されることがあるというだけのことである。「人と法の両立」という考え方こそが,まさしく「人」か「法」かをめぐる議論の帰結なのであった。

第4節 「成文法」と「判例法」:互いに消長しつつ均衡へと向かう

「混合法」という概念には二重の含意がある。その一つは,立法の面で,封建王朝がもし可能なら正規の手続きにのっとり成文法典を制定・公布するが,依拠すべき既成の成文法典が存在しない,もしくは成文法典はあるが明らかにそれが時宜にあわないという特定の情況の下では,司法というルートを通じて判例を創造するという形式によって,部分的な立法を行うということである。もう一つは,司法の面で,成文法典の適用と判例の適用とが互いに結合していることである。そして,時期が熟すると,立法を通じて,判例を成文法典の中に吸収して取り込むのである。

「成文法」と「判例法」は本来は二つの相互に対立する存在である。たとえば,「成文法」は司法官の立法権や創造的思考を承認しないし,他方,「判

第5章 「礼法共同統治・混合法」時代の法文化

例法」は，司法官の主観的な判断力や能動的役割を推賞し，司法官を司法および立法活動を支配する決定的要素だとする。しかし，中国封建社会（すなわち「混合法」時代）においては，「成文法」と「判例法」は，なんと，同時に矛盾なく併存することが可能であった。その主たる理由は，中国の封建時代の政体が一貫して中央集権的君主専制政体で，皇権が至高無上の権威を備えており，また，皇権が全国の政治，経済，軍事，文化等の活動を厳しく統制していたばかりでなく，さらに，直接全国の立法，司法活動を支配してもいたからである。このため，「成文法」はもちろん，「判例法」も，いずれも皇権の支配的地位を弱めたり動揺させたりすることはできず，それどころか，皇権の支配の下で，共同で封建支配秩序の擁護のために奉仕したのである。皇権が法律活動を支配するという背景の下で，「成文法」は皇権を直接防衛し，法制の統一を擁護するための有力な武器となった。他方，「判例法」は，西周，春秋時代（即ち「判例法」時代）に有していたあの主動的で活発で自由で分散的な特徴を失い，皇権の軌道に乗せられ，判例の創造および適用の全過程において，いささかも皇権の制約から逃れることができなかった。これが，「混合法」時代の「判例法」と「判例法」時代の「判例法」の最も際だった相違点である。

中央集権的君主専制政体の支配の下で，「成文法」と「判例法」は異なる歴史的条件の下で，各々独特の機能を発揮した。両者は互いに協力しあい，互いに因果をなしあって，法実践のあり方をバランスの取れた方向へと向かわせ，王朝の安定と社会の安寧を強力に擁護した。「成文法」と「判例法」が互いに結合した「混合法」は，中国の伝統法文化の重要な特徴をなしているばかりでなく，人類の法実践活動の内在的法則をも明示しており，さらに，世界の法文化の発展の全体的趨勢を予告している。

1．「判例法」の足跡

「混合法」について概観するためには，二つのルートから解明する必要がある。一つは「成文法」であり，もう一つは「判例法」である。このうち

成文法典の制定と実施に関しては，中国法制史学界にはすでに多くのすぐれた成果があり，詳細な議論が行われており，ここで多言を要するまでもない。ここでは封建時代における判例の創造および適用の情況について鳥瞰図的に振り返っておくにとどめる。

(1) 春秋決獄——古き判例法の復活

西漢の武帝時代，イデオロギーと法実践とが別々に各々の道を進むという奇妙な現象が現れたことがある。すなわち，イデオロギーの領域では百家をしりぞけ，六経[訳注13]を顕彰して，儒学を正統な学問の地位に昇らせ，儒家の著作を公式の経典とし，儒家の思想を社会の支配的思想とした。他方，法律の分野では，漢は秦の制度を受け継ぎ，秦の官吏制度を引き継ぎ，秦の法を継承したため，当時の法律および司法活動は依然として秦律および法家の基本精神を体現することとなった。但し，すでに儒家思想が統治思想の地位にのぼっていた以上，そのスタイルに基づかずに社会生活の各側面を律することは不可能であった。そして，儒学の法律領域への浸透は，ついに司法活動における未曾有の重大事件をもたらすことになる。それが「春秋決獄」の出現であった。

「春秋決獄」の創案者は董仲舒である。当時，漢の廷尉張湯は人倫道徳に関する難事件に遭遇するたびに，董仲舒の教えを請うた。すると，董仲舒は儒家の経典（とりわけ『春秋』）に記録された旧い判例，故事，もしくは何らかの原則をもとに裁定を行い，これをもとに『春秋決獄』232事を作成した。そして，それは当時の司法官によって裁判の際に援用されることとなった。この書物の内容の大半は隋唐以後に失われ，現在では『太平御覧』や『通典』の中にわずかにその断片をとどめるにすぎない。さて，『春秋決獄』所載の事案は形式上二種類に分類することができる。

第一は，古い判例を引いて裁断を下すものである。たとえば，『太平御覧』640に次のような『春秋決獄』所載の一事案が載せられている。「甲の父乙と丙が互いに言い争って喧嘩となり，丙が身に着けていた刀で乙を刺した。

第5章 「礼法共同統治・混合法」時代の法文化   139

そこで甲が棒で丙を攻撃したところ，誤って乙を傷つけてしまった。この場合甲の罪責はどうなるのか？　これについて，ある司法官は父を殴打したのであるから梟首に処すべきだと述べた。これに対し，(董仲舒は) 次のように述べた。〈自分の考えでは父子は最も近い親族であり，父が闘っていると聞いて驚き悲しまない子はいない。(甲は) 棒をもって父を救おうとしたのであって，父を辱めようとしたわけではない。『春秋』には次のような先例がある。それは許の止という者が父の病を治す目的で父に薬をすすめたところ，父がこれを飲んで死んでしまったが，司法官が彼の動機を調べたところ，父を殺害するつもりはなかったため，赦してこれを誅さなかったというものである。本件の甲の行為は律にいう殴父の罪には相当せず，したがって刑罰に処すべきではない〉」⁸⁵⁾。董仲舒の援用した『春秋』記載の一判例は，父の病を治すために調達した薬を，まだその調合の加減をみないうちに父が誤って飲んでしまい，そのために病死したという事案であったが，当時の司法官は子どもに「父殺し(弑父)」の故意のないことを理由に，この場合，単に世論の道徳的非難を受けさせればよいとし，その刑事責任を追及しなかったという。董仲舒は，この判例から「原心」，すなわち，行為者の動機や目的を分析すべしという一つの裁判原則を導き出し，その上で，この原則を用いてこの時の殴父事件を分析し，甲には殴父の動機はなかったのだから，殴父罪を理由に梟首の刑に処すべきではないという結論を得たわけである⁸⁶⁾。

　第二は，経書の趣旨を援用して犯罪事件を裁断するというものである。『太平御覧』640に載せられたもう一つの事案をみてみよう。それは「甲の夫乙が船に乗り，大風にあって船が沈没しおぼれ死んだが，(遺体が見つからないため) 葬儀を行えなかった。四ヵ月後，甲の母丙が甲を再婚させた。甲のこの行為はいかなる罪に問うべきか？　これについて，ある司法官は，甲の夫の死後まだ葬儀は終わっておらず，法は再婚を許していないのだから，密かに他人の妻となった罪で棄市 (死刑) に処すべきだと主張した。これについて，(董仲舒は)『春秋』に次のような事例があると述べた。すな

わち，夫の死後男子がなければ，再婚しても構わないというのである。また，婦女は（自分のことを）一存で決めることはできず，父母の命に従わなければならない。いま甲は母親によって再婚させられたのであり，淫行の心はなかったのだから，密かに他人の妻となる罪には当たらない。判例にもこれを罪に問うた例はないので，処罰すべきでない」[87]というものである。董仲舒は『春秋』から「夫の死後男子がなければ再婚してよい（夫死無男有更嫁之道）」，および「女性は自分のことを一存では決められない（婦人無専制擅恣之行）」という二つの原則を引き出し，これを本案に適用して，当事者に対する処罰を免除したのである。また，『通典』には次のような事案も載せられている。それは，「ある時，次のような難事件があった。甲には子どもがなかったが，道ばたで捨て子乙を拾って育て，自分の息子とした。やがて成長した乙は殺人の罪を犯し，そのことを甲に告げたところ，甲は乙を匿った。甲はいかなる罪に問うべきか？ これにつき董仲舒は次のような判断を述べた。甲には子どもがなかったが，乙を養育した。実の子ではないものの，このような関係を誰が父子関係でないと言えるだろうか。『詩経』には，青虫の生んだ子をトックリバチが育てる話がある。『春秋』の原則は，父は子のために隠すというものであるから，甲は乙を匿うべきであり，したがって甲を罪に問うべきではない」[88]というものである。董仲舒は『詩』と『春秋』の中から「養父は親父と同様である（養父如同親父）」，および「父は子のために隠す（父為子隠）」という二つの原則を引き出し，ついに甲は乙の殺人罪を隠し立てしたけれどもその刑事責任は追及しないという判決を導き出したのである。

　『春秋決獄』は，司法官が行為者の真の動機や目的について深く掘り下げて慎重に探求すべきことを強調し，これを「原心論罪（行為者の動機や目的を分析した上で罪を論ずる）」と称した。これは秦漢の法律における「客観的な結果事実に対して罪を問う（客観帰罪）」精神を否定するものである。董仲舒は「事実に基づき，かつ動機も探求しなければならない（必本其事而原其志）」[89]という重要な裁判原則を提起したのである。すなわち，

第5章 「礼法共同統治・混合法」時代の法文化　　　141

犯罪事実を根拠とし，あわせて行為者の動機や目的を参考にすべしということである。これは一つの正しい裁判方針である。他方で，行為者の心理状態の作用を一面的に誇張し，「動機が善なら法律に違反した者も許し，動機が悪なら法律に適合している者も追及しなければならない（志善而違于法者免，志悪而合于法者誅）」[90] などといって，「客観帰罪」から「主観帰罪」へと飛躍した議論をする者もあったが，このような事態の責任まで，董仲舒の『春秋決獄』に負わせることはできない。

　『春秋決獄』の出現は西漢時代の司法の領域における大事件であった。それは儒家思想の司法の領域への浸透の第一歩であった。また，それは儒家の法原則がすでに制定法を上回る優越的な地位に昇ったことを示していた。そして，『春秋決獄』の真の価値は，次のような道理を明示した点にあった。すなわち，支配階級にとってみれば，依拠すべき法律の明文規定がない，もしくは既存の法律条文はあるがそれは明らかに支配階級の法意識にそぐわない時には，支配階級の法政策や法意識を指針とし，過去の判例およびそこに示された一定の原則を援用して当面の案件を審理することが，必然的で道理にかなったことであって，新たな成文法典の制定まで判断を留保して，手をこまねいている必要は全くないということである。董仲舒の創唱した『春秋決獄』という方式は，儒家の法思想によって当時の司法活動を改造するというよりも，むしろ古くからあった一種の裁判方法，すなわち判例法方式を復活させるものだったのである。

　『春秋決獄』の風潮は漢代において最も盛んであった。董仲舒以外にも，公孫弘が『春秋』の義によって臣下を正し，漢の宰相の地位を得た。また，呂步舒は『春秋』の義によって淮南王の謀反事案を解決して，天子のお褒めにあずかり，兒寛はいにしえの法義によって疑獄を解決し，大いに廷尉張湯の賞賛を受けた。漢代の君臣はみな儒家の経義を重んじたが，武帝は特に皇太子に命じて『春秋公羊伝』を学習させ，これを治国の具とした。このため，人々の間では「儒家の経義に通じ，古今の大礼を知らなければ，三公および皇帝の左右の近臣を務めることはできない」[91] と言われた。

『春秋決獄』を重視する風潮は，魏晋南北朝に至るまで絶えることなく続いた。たとえば，魏の時代の朝議は，『春秋』所載の棺桶を壊して死体をさらしたという先例を援用し，「凌愚の墓を掘り，棺を暴いてその死体を三日間に市にさらした（発凌愚冢，剖棺暴尸于所近市三日）」。また，晋朝の時代には，周処が，儒家の経典にある「息子が自分の父親が他人の家の羊を盗んだことを摘発するのは，礼儀風俗を損なう犯罪である（証父攘羊，傷風汚俗）」という道理を援用し，自分の手で（叛逆して逃亡した）父を殺した李忽を死刑に処している。また，北魏の世祖の詔には「疑獄事件があれば，すべて中書省に付し，儒家の経義によって裁断する（諸有疑獄，皆付中書，以経義量決）」とあり，同じく世宗の時の大臣は『盤庚』にいう「（罪人の）子孫を新たな邑に移して生存させることはない（無令易種于新邑）」という道理を援用して，罪人の子どもまで誅殺した，等々[92]の例がある。その後，隋唐に至ると，儒家の経義の大部分が法典に取り込まれ，『春秋決獄』はもはや不要となったため，『春秋決獄』の風潮も次第におさまったが，これは時代の必然的な勢いであった。

　「混合法」時代における『春秋決獄』の歴史的功績は，儒家思想を徐徐に法典化させた点にあるばかりでなく，古くからある「判例法」方式のために堅固な陣地を構築し，これによって「成文法」方式と「判例法」方式が互いに結合した「混合法」方式の雛型の基礎固めを行った点にもある。

　(2) 決事比と故事：判例の創造と適用
　「決事比」と「故事」はいずれも判例である。『春秋決獄』から生み出された判決例もまた「決事比」である。このため，董仲舒の『春秋決獄』はまた『春秋決事』，『春秋決事比』などともよばれている。
　まず，比についてみよう。『左伝』昭公二八年に「正しい先例を選んで処断するのを比という（擇善而従之曰比）」とあり，『詩・大雅』には「克順克比」とあるが，その注には，「過去，現在の良い先例にならい，これに修正を加えて事を行うこと（比方損益古今之宜従之也）」とある。ここから，

第5章 「礼法共同統治・混合法」時代の法文化

「比」とは主観的能動性をもって客観的事物に働きかける一種の自覚的行為のことであることがわかる。

『礼記・王制』には「必ず各種の先例を参考にして事にあたらねばならない（必察小大之比以成之）」とあり、その注には「すでに有効とされている故事を比という（已行故事曰比）」とある。「故事」とは既存の判決例、成事、先例のことである。『漢書・刑法志』には「奇請他比」[訳注14]なる語がみられるが、その注には、「比とは過去の先例を参照することであり、他比とは別種の先例を参照して法律条文の規定する範囲から逸脱することである（比、以例相比況也、他比、謂引他類以比附之、稍増律条也）」とある。ここから、「比」とは司法裁判の中で過去の判決例や成事を援用するある種の行為もしくはやり方であると同時に、援用された判決例や成事自身のことを指すということがわかる。判決例や成事は、ただ当該事案や当該事案の当事者に対してのみ拘束力を有するにすぎないが、それらはひとたび司法裁判の中で後世の司法官によって援用されると、単なる裁判の結果から裁判の根拠へと高められることとなるのである。

つぎに決事比についてみよう。『周礼・秋官・大司寇』の注に以下のような文言がある。「今日（漢代のこと）の決事比のごときものである。疏にいう。今日の律の規定によれば、もし過去の先例があれば先例に依拠して裁判し、法律に該当条文がなければ、類似の先例を参照して裁判する。これを決事比という（若今時決事比。疏云：若今律：其有断事、皆依旧事断之、其無条、取比類以決之、故云決事比）」[93]。法律の明文規定がないという情況の下では、もし援用すべき過去の判決例や成事があるならば、これを引いて裁断を下し、もし援用すべき既存の判決例や成事がなければ、類似の判例を選択しこれによって科刑する。裁判の根拠として引くことのできるこの種の判決例や成事こそ「決事比」にほかならない。

東西両漢の時代には、儒家思想がイデオロギー上の主導的地位を占めつつも法実践の領域は依然として法家精神を体現していた。こうした特殊な背景の下に、儒家思想の法典化が始まったり、あるいは漢代の法律が儒教

化し始めるという複雑な過程の中で,封建的支配者は一つの最も妥当かつ有効な武器を探り当てた。それが判例法方式である。このため,両漢の法実践活動においては,「決事比」と「故事」の創造と適用が非常に重要な地位を占めていた。

　①「決事比」と「辞訟比」

　『漢書・刑法志』には,「その後,悪賢い役人は法律の隙に乗じて,随意に類推による法解釈を行い,法網はだんだん細密になり,刑罰の範囲は拡大した。死罪の決事比は一万三千四百七十二件の多きに上り,法律文書は机上にあふれ,司法官もあまねく目を通すことができなくなった。このため,地方の郡国の司法官の援用する方式は多種多様なものとなり,罪が同じなのに判決が異なる場合もあった。悪賢い役人はこれを利用し法を枉げて私利を貪り,生かそうと思う者には死刑に処さなかった先例を援用し,死罪に陥れようと思う者には死刑の先例を援用した」94)とある。このくだりは我々に次のようなことを伝えてくれる。第一に,武帝以後,判例の創造と適用が当時の立法や司法の基本的内容となったこと。このため,「死罪決事比」のみで一万余件もあったこと。第二に,判例の適用が普遍的な司法の方式となり,郡県および封国の司法官はかなり自由に判例を援用して案件を裁断することができたこと。第三に,当時の判例の適用にはなおかなり無茶苦茶な面があり,まだ規範化されておらず,判例の適用にはまだ手続上,統一的な法律的制約がなかったため,トラブルが生じたこと,などである。『魏書・刑罰志』によれば,漢の宣帝の時,于定国を廷尉とし,「諸々の法律を集成したが,全部で九百六十巻あり,その中には死刑に処すべき条項が四百九十条,千八百八十二事項,死罪の決事比が全部で三千四百七十二条あり,諸々の断罪の際に援用すべき決事比を合わせると全部で二万六千二百七十二条あった」95)という。くりかえし削除や選定を行った結果,死罪の決事比の数は大幅に縮減されたが,これは司法の統一を実現するための措置の一つであった。

　『東観漢記・鮑昱伝』によれば,東漢の章帝の時,「司徒のつかさどる訴

訟の中には数十年に及ぶものもある。(判決の参考とすべき)軽重さまざまの先例があるにはあるが，事案の性格による分類がなされていないため，調査するのが困難である。そこで鮑昱が『辞訟比』七巻，『決事都目』八巻を整理し，朝廷に上奏して批准を受け，それによって法令を統一し，訴訟を減少させた」96)という。また，『後漢書・陳寵伝』によれば，陳寵は「若い頃，州郡の官吏として司徒鮑昱の身辺で仕事をしていたが，何度か鮑昱に政務の改革について意見を述べたことがあった。鮑昱はこれを聞いて陳寵を高く評価し，彼を辞曹に抜擢して全国の訴訟をつかさどらせた。陳寵は鮑昱のために『辞訟比』七巻を編纂したが，これは先例と法条を類ごとに分類したものである。鮑昱はこれを朝廷に上奏し，これ以後，各級政府機関はいずれもそれに従って法を執行した」97)とある。これは，訴訟の内容を基準として判例を分類集成し，調査，参考に資するための便に供しているのである。ただし，分類集成の方法がまだ充分な科学的厳密さを欠いていたため，またしても混乱した情況が生み出された。それはちょうど『晋書・刑法志』に次のようにいわれているとおりである。「漢代の判決は『令甲』以下の三百余篇に収められている。また司徒の鮑公は婚姻訴訟を整理して『法比都目』九百六巻にまとめている。後世になって増減はあったが，大体いずれも「類」ごとにまとめて篇とした。篇の下に章があるが，これは「事」ごとにまとめられた。一章のなかで，「事」によっては数十件の多くに及ぶものもあった。また，「事」の種類は同様であっても，判決の軽重が異なるものが，しばしば同じ法条にくくられていて，前後に混乱がみられたり，篇ごとに分類されてはいても，実際には互いに入り組み合ったりしていた。たとえば，『盗律』中に殺傷の事例があり，『賊律』中に盗窃の事例があり，人民の徴発に関する規定たる『興律』中に刑事訴訟手続上の「上獄」に関する規定があり，『厩律』中に逮捕に関する事例があったりしたが，こうした情況は明らかに乱雑で秩序がなかった」98)。

『後漢書・応劭伝』には，東漢の献帝建安元年，応劭が「『律本章句』，『尚書旧事』，『廷尉板令』，『決事比例』，『司徒都目』，『五曹詔書』，および『春

秋断獄』の全二百五十篇を編纂し，重複を削り，文言にも省略を加えた。また，駁議＝裁判時の反対意見を三十篇に集成し，これを八十二事に分類した」[99]とある。漢の時代を通じて，判例編纂作業はずっと絶えることがなかったが，その特徴は次のような点にあった。第一に，判例編纂と律令や法律の注釈，および訴訟文献たる『駁議』の修正作業とが足並みを揃えて進行したため，立法と司法の統一的コントロールに役立ったことである。第二に，上述の法律文献の編纂作業はかなり合理的な分類方法，すなわち「類を基準に分類する（以類相従）」という方法を手探りで編み出していたが，この方法は司法官が関連する律令，注釈，判例などを調査し，それらを全面的に掌握するのに便利であり，また，裁判の質を向上させるのに役立ったということである。

② 故事

漢代の「故事」の語には日常政務に関する成事，先例，および司法裁判の判例の意が含まれている。日常政務に関するものとしては，たとえば「宣帝は武帝の時の故事を整理し，車服祭祀の礼儀を完全なものとした（宣帝修武帝故事，盛車服敬齋祠之礼）」，「宣帝は武帝の時の故事を遵守し，賢能の士を呼び集めた（宣帝循武帝故事，求通達茂異士）」，「宣帝は武帝の時の故事を整理し，民間教育を発展させた（宣帝修武帝故事，議論六芸群書）」，「詔を下し，輿服制度は旧例により永平の故事に従うこととした（詔興服申明旧令，如永平故事）」などの用例がある。また，判例を意味する例としては，たとえば「明帝は刑政にすぐれ，法令に通暁し，終日朝政を主宰し，冤罪を明察し，朝廷内外に私利を図り法をまげる者のないようにした。皇帝はおごり高ぶることなく，その裁判は人情にかなうものであった。……そのため，後世の司法官はみな建武永平の政と賞賛した（明帝善刑理，法令分明，日晏坐朝，幽枉必達，内外無幸曲之私，在上無矜大之色，断獄之情，……故後之言事者莫不先建武永平之政）」とか，「官府に命じて禁令の施行状況を点検し，建武永平の故事を遵守させた（敕有司検察所当禁絶，如建武永平故事）」とか，「当時は永平の故事を採用していたが，官吏の施政は

第5章 「礼法共同統治・混合法」時代の法文化　　　147

かなり厳しく，尚書による裁判の判決は，しばしばとても重いものであった（是時承永平故事，吏政尚嚴切，尚書決事，率近于重）」[100]などの例がある。

　漢代の故事は編纂され，整理され，書物にまとめられて，司法裁判の根拠の一つとなった。『新唐書・芸文志』には『建武故事』三巻，『永平故事』二巻，『漢建武律令故事』三巻のことが記載されている。また，『唐六典・刑部・格』の注には「漢の建武年間に『律令故事』上，中，下三篇が作られたが，これらはいずれも刑法の制度である（漢建武有『律令故事』上，中，下三篇，皆刑法制度也）」とある。漢代に故事を引いた判決がなされていたことは，すでに『疏勒河流域出土漢簡』によって証明されている。その第三四九条簡牘には「故事にのっとり刑罰を免除する（法故事其犯免刑）」[101]とあり，故事を裁判の量刑の根拠としていたことがわかる。

　晋代は儒家思想の法典化，あるいは封建法の儒家化という点で重要な時期であった。この時期は故事の創造と適用がかなり顕著であった。『晋書・裴秀伝』には「裴秀は，朝儀の制度を創設し，刑政について多くの建議を行ったが，その多くは朝廷で実行されて故事とされた（秀創制朝儀，廣陳刑政，朝廷多遵用之，以為故事）」とある。また，『晋書・刑法志』によれば，晋の文帝の時，「賈充に命じて法律を作らせたが（令賈充定法律）」，それは全20篇，620条からなっていた。律に加えるのがふさわしくないものは「すべて令となし（悉以為令）」，「通常の品式や章程[訳注15]は，官府に送られて故事とされた（其常事品式章程，各還其府，以為故事）」。「律令は全部で条文数2,926，語数126,300，巻数60であり，故事は30巻であった（凡律令合二千九百二十六条，十二万六千三百言，六十巻，故事三十巻）」などとある。これについて，『唐六典・刑部・格』の注によれば，「晋の賈充等が律令を編纂し，さらに，当時の詔勅の条文に削除修正を加え，故事三十巻となし，律令とともに施行した（晋賈充等撰律令，兼刪定当時制詔之条，為故事三十巻，与律令并行）」とある。ここから，故事の編纂がすでに立法活動の内容の一つを構成していたことがわかる。『隋書・経籍志』には「『晋

故事』四十三巻,『晋建武故事』一巻,『晋咸和咸康故事』四巻,晋孔愉撰『晋修復山陵故事』五巻,車灌撰『晋八王故事』十巻,『晋宋旧事』一百三十五巻,『晋東宮旧事』十巻,『晋雑議』十巻,『晋弾事』十巻,『晋駁事』四巻」の存在が記録されている。また,『唐書・芸文志』には,「『晋太始太康故事』八巻,孔愉『晋建武咸和咸康故事』四巻,『晋建武以来故事』三巻,『晋氏故事』三巻,『晋故事』四十三巻,『晋諸雑故事』二十二巻,車灌『晋修復山陵故事』五巻,『晋八王故事』十二巻」とある。ここから,晋代には故事が重視されたことがみてとれる。

(3) 例——個別具体的な判決およびその抽象化,集約化

例とは類であり,また比のことでもある。例は法規範の表現形式としては,決事比や故事と大きな違いはない。いずれも判例なのである。但し,細かい点での違いはある。陳顧遠『中国法制史概要』は,「比は主として律文を援用(比附)し,例は主として既存の成事を援用する点に両者の違いがある。しかし,いずれもあることを根拠に他のあることの基準とすることにかわりはないので,同義語と考えてよい。おそらく,漢では比が重視され,後世には例が重視されたため,二つの名称を使い分けるようになったということではなかろうか」[102]と指摘している。

ある意味でいえば,漢や晋の決事比や故事は後に出現した例と同じものである。例が出現したのは魏晋の時期にあたる。『魏律序』には「犯罪に関する例を集めて刑名をつくる(集罪例以為刑名)」とあり,また,『晋律』には「旧律の構成を改めて刑名と法例の両部からなるものとする(改旧律為刑名法例)」,「名例から出発して,罪名を確定する(取法以例,求其名也)」などとある。ここにいう例は成文法典の範疇に属するが,まだ独立した法規範の形式とはなっていない。ただし,『晋律』は「もし正文がなければ,名例を援用して裁断する(若無正文,依附名例断之)」と規定している。判例はまさしく「名例」(法典の基本的な原則および制度)に依拠して創造されてきたものであるが,あるいは,このことが後に判例が「例」と呼ばれ

第5章 「礼法共同統治・混合法」時代の法文化

た理由かもしれない。

隋唐の時代には，例はすでに判例として司法の中で機能を発揮し始めていた。『旧唐書・刑法志』には次のような記事がある。唐の高宗は当時「律は類推解釈のできるものである。今の律文の条数は多すぎる（律通比附，条例太多）」と考えていた。大臣はこれに対して「昔の律は，条文の類推解釈を行って判決することが多く，そのため次第にわかりにくくなっていった。そして律の条数がきわめて多くなり，その数は三千条にも達した。それで，隋のときにあらたに定めなおして，ただ五百条だけにとどめ，事件の性質の相似たものは，類推解釈（比附）を行うことによって判決することにした」[103]と答えた。また，次のような記事もある。「これよりさき，詳刑少卿の趙仁本は『法例』三巻を著し，これに基づいて判決を行っていたが，当時の世論もまたそれを妥当としていた。そののち高宗がこの書をみて，いたずらに煩雑で不便であると考えた。そこで侍臣に語って次のようにいった。『律令格式は，天下に通ずる普遍的な法規であって，朕のように凡庸無知な者の制定しうるところではない。それらはいずれも，武徳の際や貞観以後，制定に際して天子の裁断を仰ぎ，衆議を十分に斟酌して作られたもので，必要な条文は完全に備わっており，守るべき条理は明白に示されている。事に臨んでこれを運用すれば，どんな事件にも対処できるものである。どうしてさらに法例を作り，ことごとに疑問を多くさせるようにする必要があろうか。このことを考えてみると，従来のやり方を踏襲するのは，今日の時宜に適したものではない。速やかに従来のやり方を改めるべきで，依然としてこのような状態を続けることは許されない』と。これによって『法例』は廃されて用いられないようになった」[104]。しかし，高宗が『法例』を廃止した理由は，「煩雑で不便」だからというよりもむしろそれが聖裁（天子の裁断）を経ていないからであった。

『唐律・断獄律』は「司法官が罪を断ずるに際しては，必ず律令格式の正文を援用しなければならない。これに違反する者は笞三十に処す（諸断罪皆須具引律令格式正文，違者笞三十）」と規定している。これに対する疏議

には,「犯罪については,すべて規定がある。断獄を行うためには正文を援用せねばならないというのが法である。もし援用しなければ,時として誤判を生ずる(犯罪之人,皆有条制,断獄之法,須憑正文,若不具引,或致乖謬)」,ゆえに,「司法官が罪を断ずる際は,ほぼ律文に依拠し,たとえ人情によれば罪を免ずべき場合でもあえて法に違う裁判をすることはない。(それは)厳格に律文によって罪を断じても,なおかつ,時として誤判を生ずることを恐れるからである(曹司断獄,多据律文,雖情在可矜而不敢違法,守文定罪,或恐有冤)」とある。ただし,『唐律・名例律』はまた,「罪を断ずるに,これに該当する法律正文がない場合,刑を減免すべき事案については,同じ類型に属するより程度の重い犯行に減免規定があることを援用する。また,重刑に処すべき事案については,同種の類型のより程度の軽い犯行に対する処罰規定があることを援用する(諸断罪無正文,其応出罪者挙重以明軽,其応入罪者則挙軽以明重)」と規定している。これが類推適用の原則である。また,『断獄律』には「皇帝の命である制勅によって臨時に罪を処断した事案であって,永格とはされていない事例を先例として援用してはならない。もし,これを援用して無罪の者を罪に処したり,有罪の者を無罪とした官吏は,故失罪に処す」[105]とあり,その疏議は「物事には時宜というものがある。このため君主が臨機の処置を施すのであるが,君主が制勅によって情状を考慮して処断したもので,永格とはされていない事例を先例として援用してはならない(事有時宜,故人主権断,制敕量情處分不為永格者不得引為後比)」とする。また,『職制律』には「律・令・式が実態にそぐわないと考える者は,尚書省に上申し,その検討を経た上で朝廷に奏聞しなければならない。もし,上申せずに勝手に法を変更する者は徒二年に処す」[106]とある。以上から,唐代には律令格式の正文がないという情況の下では,類推適用をしたり,国家による審査承認を経た判例を援用してもかまわなかったことがわかる。当時の判例の適用はすでにかなり規範化されたものとなっていたのである。

　宋代には,皇帝の勅令とならんで例が存在した。ただし,北宋は勅を重

第5章 「礼法共同統治・混合法」時代の法文化

んじて例を軽んじ，判例の適用に対して常に制限を加えた。たとえば，神宗は「諸州で強盗事案を審理するに際し，情状酌量の余地なく，刑法上も疑問の余地がないにもかかわらず，（減軽を求めて）往々にして朝廷に上奏がなされる。そのような場合，刑部にその奏請を却下することを許し，法律の厳格な執行を期す。例を援用して法律規定を破ってはならない」107) と詔している。しかし，依然として律の規定をさしおいて例を用いるという情況が存した。たとえば，司馬光の上書には「人民が闘殺を犯せばすべて死刑に処すべきである。みだりに情状酌量の上奏を行ったり，刑部が旧例を援用して罪犯を宥免したりしてはならない。およそもし律令勅式に明文規定がない場合は，司法官が例を援用して裁判するのであるが，現在，闘殺は死刑に処すべきことは法律に明文の規定がある。しかるに，刑部が旧例に依拠して死刑を免じ，流刑に処していたのでは，闘殺に関する法文は無用に帰してしまう」108) とある。また，徽宗崇寧元年には，「臣下たちが，役人は法律を遵守すべきであり，法律に明文規定がない場合にはじめて例を援用すべきであるが，いま例を援用して法を破っているのは道理がないという意見を述べた。そこで，各部署に命じて，過去に用いられた例を編集し，法律と抵触するものはすべて削除するようにさせた。そして，詔を下して，元豊の法制をあらためて確認し，元祐の条例をことごとく廃止した」109) という。しかし，北宋は『熙寧法寺断例』，『元符刑名断例』，『崇寧断例』等の判例の編纂も行っていたのであり110)，判例を適用することはもはや断絶しようもなかった。

宋の南遷以後，政務に関する典籍が散佚し，法律が混乱したため，政治は随時，過去の「指揮」（尚書省および六部が下級の官署に対して何らかの公務を臨時に処置するために発布した命令）を踏襲し，司法は司法官の記憶している例を常用した。このため，例の地位が不断に高まることとなった。例は立法というルートを通じて法律の条文や勅令となり，また，『紹興刑名疑難断例』，『乾道新篇特旨断例』，『開禧刑名断例』等のように，単独の法書ともなった。これらはいずれも個別具体的な判決に削除訂正を施し

たものであった。

　元代には英宗の時代に『大元通制』が公布されたが，これには詔制94条，条格27目1,151条，断例11目717条，その他577条，計2,539条が含まれていた。『元史・刑法志』によれば，『大元通制』は「おおむね世祖以来の法制および事例を編纂したものにすぎない（大概纂集世祖以来法制事例而已）」という。また，『明史・刑法志』によれば，「元代の法制においては，一時的に施行された例を編集して条格とした（元制所取行一時之例為条格）」とされる。なお，『大元通制』は『通制条格』（欠部分あり）を除いて，現在ではすべて散佚している。

　明代には律と例が同時に行われた。太祖洪武帝のとき『贖罪条格』が制定されたが，「これ以後，律と例とは互いに一致する部分と不一致の部分がある（自是律与例互有異同）」こととなった。その後，『大明律』が公布施行されたが，その時の詔には「諸々の犯罪を死罪，徒流，遷徙等の刑に処す際には，すべて今定めるところの『贖罪条格』に照らして処断する（雑犯死罪，徒流，遷徙等刑悉視今定『贖罪条格』科断）」とある。こうして，「例は律を補う形で施行される（例遂輔律而行）」[111]こととなった。洪武帝以後，歴代の皇帝は『大明律』を太祖が自ら制定した，先祖代々の法としてひたすら厳守し，あえてその改正について議論するようなことはなかった。このため，つねに，その時々の便宜にこたえるための条例が増加することとなる。

　清は明の旧制のとおりにし，乾隆五年に『大清律例』を公布し，律と例をまとめて一法典とした。あわせて，5年に一度例を編纂し，旧例の改正や案件の内容に応じた例の増加を行うこととした。乾隆八年に公布した『督捕則例』は『大清律例』から独立した規定であった。律とともに行われる例のほかに，たとえば乾隆時代の『大清会典則例』のように，『会典』とともに行われる例もあった。その後も，『六部則例』，『處分則例』などがつくられた。『清史稿・刑法志』は，「概して清代の定例は宋代の編勅と同様のもので，例があれば例を援用して律を援用しなかった。その結果，律文

第5章 「礼法共同統治・混合法」時代の法文化　　153

の多くは有名無実なものとなり，他方，例はますます繁雑になった。例の中には前後矛盾するものや，律文を逸脱して加重処罰をするものや，先例を遵守した結果律と抵触するものや，一事案のために一例を設けたものや，一省一地方のために一例を設けたもの等があった。はなはだしい場合には，この例によってあの例を生じたり，各部門の則例同士の間で抵触が生じたりした。すなわち，同じ一つの例が複数の部門に同時に採用された結果，各部門間でその評価に違いが生じ，各部門各々が恣意的に手加減して事を処理する事態も生じた」[112]と述べている。

　明清における例は，個別具体的な判決と故事，およびそれらを抽象化し集約したものの総和である。そして，判決や故事の抽象化と集約の動きは，封建社会後期における判例の創造と適用の全体的な傾向を代表している。

(4) 明『大誥』：御制判例集

　明『大誥』とは，『御制大誥』，『御制大誥続篇』，『御制大誥三編』および『大誥武臣』などの通称である。それは明の太祖朱元璋が自ら裁断した判例，成事，命令，および訓戒の言葉などの集成であって，また同時に，司法官が援用しうる法律的根拠となっていた。以下に列挙するところから，そのことは明らかである。

　『御制大誥・皁隷欧旗軍』には「蘇州府昆山県の皁隷たる朱升一らが県官李均の統制に服さず，欽差旗軍を殴打した。その罪は極刑にあたる。もし旗軍に収賄行為があったとしても，所管の長官の上奏を経て処断すべきであって，この行為を軽視することはできない」[113]とある。

　また，『御制大誥・軍人妄給妻室』には，「山西洪洞県の姚小五の妻史霊芝は有夫の身で，すでに男女三人の子どもがいる。軍人唐閏山が兵部の許可を騙し取り，史霊芝との婚姻の証書を発給させたため，洪洞県は史霊芝を鎮江に送り届け，唐閏山と結婚させた。そこで，姚小五は県に訴えを起こし，史霊芝は唐閏山の妻ではないと主張した。県令は理がないことを承知しながら，事実を解明せず，悪賢い輩を捕らえることなく，内府＝兵部

の命令には逆らえないと言い逃れようとした。しかし,本来速やかに処理すべき数十件の内府の通知があるのに,これらについては速やかに処理しているわけではない。史霊芝の事案は人倫の道に関わるもので,本来,官府にとっての大事である。にもかかわらず,故意に理に反して放置したのであるから,この県令は斬罪に処すべきである」114)とある。

『大誥』の基本的内容は判例,それも皇帝親裁の個別具体的な判決事例である。このため司法官の裁判の際の直接的な根拠となったのであり,その効力は法典より優位にあった。

2. 判例の創造と適用

法実践の内容と形式は社会生活の客観的条件および法実践の客観的法則によって決定されるのであって,人々の主観的な恣意によって決定されるのではない。判例の創造および適用もまたこれと同様である。

(1) 判例の創造と適用のための基本条件

「混合法」時代においては,判例法が存在し発展するための前提条件が存在していた。それは主として次のような点である。

第一は客観的条件であるが,それは,成文法典と社会の現実生活との間にズレが生じているということである。このようなズレをもたらす原因は多様であるが,たとえば,新たな王朝（新たな政治的局面を含む）が成立した後,依拠すべき既存の適当な成文法典がなく,支配階級の現行の政策や法意識のみにたよって判例を創造するしかないような場合である。それは,ちょうど,『晋書・刑法志』が「漢代には,王莽が帝位を奪ってからのち,旧来の法例は失われてしまったが,光武帝が漢を中興すると,訴訟に関心を払い,常に朝廷に出御して訴訟をききさばき,決めがたい事件に自ら裁決を下した」115)と記し,『宋史・刑法志』が「高宗の時に南遷して後,断例訳注16)はすべて散逸した。建炎年間までの間は,南遷以前に適用されたほとんどの断例は官吏の記憶に頼ることになった（高宗播遷,断例散逸,建

第5章 「礼法共同統治・混合法」時代の法文化

炎以前，凡所施行，類出人吏省記）」と記しているような状況である。さらにいえば，現行の成文法典がすでに変化してしまった支配階級の政策や法意識にとって不都合となり，その結果現行成文法典を引き続き使用する可能性が失われたような場合というケースもある。このような情況は西漢において最も鮮明であった。当時，漢は秦の制度，秦の官吏制度，秦の法を継承していたため，法実践の領域には依然として法家の統治精神が表れていたが，これは当時の統治思想となっていた儒家精神とは往々にして相容れないものであった。そのため，いたずらに長期にわたる「經義による裁判（經義決獄）」が出現することとなった。以上のような情況の下でのさまざまな制約のために，支配階級は当分の間よく整備された適切な成文法典を制定するのが困難となった。そして，このことが判例の創造と適用のための客観的条件をもたらしたのである。

第二は主観的条件である。それは支配階級がすでに新しく明確な法政策や法意識を形成し，ある程度の業務資質を備えた相当数の司法部門の人的資源および業務秩序を形成し，参照・援用しうる相当数の比較的安定した法規範もしくは法原則を具備しているということである。また同時に，中央政府が各級司法官吏が主観的能動性を発揮するのを許容するばかりでなく，全国の司法活動を指導し，制御する能力を有しているということである。こうしたことが判例を創造し適用するための主観的条件である。

以上のような客観的，主観的条件がなければ，判例の創造と適用はただちにその合理性と実現可能性を失うのである。

(2) 判例創造のルート

判例創造というのは特定の意味内容を有する概念である。すなわち，成文の法律条文が存在しないという情況の下で事案に対して判決を下して，判例や成事を形成するということである。それは当該事案の当事者に対して拘束力をもつばかりでなく，以後の類似の裁判に対しても指導的な機能を有することとなる。判例創造は，司法行為と立法行為とを兼ね備えてお

り，司法過程をつうじて立法を行うという特殊な法律行為なのである。他方，成文の法律条文を適用して事案に対し判決を行って形成される判例は，たんに成文法規の実施結果にすぎず，当該事案の当事者に対してのみ拘束力を有するにとどまる。それは一種の司法行為にすぎないのであって，立法という性質は帯びていないのである。

判例創造のルートは多岐にわたるが，主要なものとしては以下のいくつかのケースがある。

① 義から例を生み出す

「義から例を生み出す」とは，法律の明文規定がないという情況の下で，支配階級の現行の政策および法意識を用いて事案を裁決することによって，判例や成事を生み出すことである。たとえば，「春秋決獄」のように儒家の法意識や法原則を根拠とするような場合である。ところで，典籍中に見られる「春秋之義」の種類はとても多い。たとえば，「父子は互いにその罪をかばうべきである（父子相隠）」，「行為者の主観的動機を考慮して罪責を判断する（原心論罪）」，「夫の死後男子がなければ再婚してもよい（夫死無男的更嫁）」，「王位の継承原則を守らねばならない（君子大居正）」，「君主や親を害してはならない（君親無将）」，「君臣間で訴訟をしてはならない（君臣無訟）」，「功績によって過失を穴埋めする（以功覆過）」，「王の権威は天下に例外なく及ぶ（王者無外）」，「悪事はその首謀者を誅する（誅首悪）」，「悪に対してはその犯罪主体のみに制裁を加え，縁坐責任は問わない（悪悪止其身）」，「皇帝の親族だからといって容赦しない（不避親戚）」，「親の仇を討たなければ子どもとはいえない（子不報仇非子）」，「大義は父子の情より優先する（大義滅親）」，「高貴な者には刑罰を加えない（罰不加于尊）」[116]等々である。司法官は春秋の「義」を引用して案件を裁断し，判例を形成することができるが，「春秋之義」はしばしば抽象的であまり厳密でなく，相互に矛盾をきたしさえするので，生み出される判例も不統一なものである。しかも，義から例を生み出す方式はしばしば司法官，とりわけ最高支配者個人の教養あるいはその天性の資質などの影響を受けているので，一

第5章 「礼法共同統治・混合法」時代の法文化　　　157

定の主観的な恣意性を帯びている。

　②　例から例を生み出す

　「例から例を生み出す」とは，法律の明文規定はないが従うべき先例があるという情況の下で，既存の判例や成事に依拠して事案を裁決することによって，新たな判例や成事を生み出すことである。このような方法がいわゆる「例による相互比較対照（以例相比況）」である。しかし，既存の判例と現実の事案との比較可能性の認定は，しばしば蓋然的で不確実なものであって，それは往々にして司法官の主観的な考えや判断の影響を受けている。このため，「従うべき例がある」ケースというのも「従うべき例がない」ケースというのも，常に相対的な概念である。漢律には「もし過去の先例があれば先例に依拠して裁判し，該当する先例がなければ，類似の先例を参照して裁判する。これを決事比という（其有断事，皆依旧事断之，其無条，取比類以決之，故云決事比）」[117]と規定されている。これは，引くべき例があればこれを援用して判決し，引くべき例がなければ，類似の判例を参照して裁決する，というのである。このように，判例を適用する過程においてはまた「類推」が実行され，その結果，新しい判例が生み出されていったのである。

　③　律から例を生み出す

　「律から例を生み出す」とは，適用すべき法律の明文規定がないという情況の下で，類似の法律条文を適用して裁決することによって，判例を生み出すことである。『漢書・刑法志』の記事に，「高祖の七年に，御史大夫に対して次のように制詔した。『疑わしくて決めがたい裁判の場合には，役人たちはあえてそれを決定しようとしないことがあって，有罪のものがいつまでたっても判決を下されず，無罪のものがいつまでも獄につながれたまま，その判決をみずにいることがある。これからのち，地方の県や道の官で裁判のきめがたいものは，それぞれ自分の所属する二千石の官に伺いをたてよ。二千石の官は，然るべき罪名を定めてこれに答報せよ。二千石の官が決定しがたいものは，みな，廷尉のもとに送付せよ。廷尉はまた然

るべき罪名を定めて答報せよ。廷尉の決定しかねるものは，謹んで資料をととのえて上奏し，準用してよいと思われる律令にその罪をあてはめて上聞に達せよ」と。……孝景帝の中五年に，また詔を下して，『およそ疑わしくてきめがたい裁判で，たといいろいろ操作して，法律にあてはめることができても，人心に納得されない場合には，その都度，伺いをたてることにせよ』といった」118)とある。また，『晋書・刑法志』には，「刑名律は罪刑の軽重のすじみちを立て，かつ刑の加減の差等を正しくさだめ，律の諸篇におけるいろいろな意味内容を明らかにし，かつ各条文の述べつくしていないところを補う。……いずれも事の軽重に従って法を適用し，名例の精神に従ってその罪名を定めるのである」119)とある。『唐律・名例律』には，「罪を断ずるに，これに該当する法律正文がない場合，刑を減免すべき事案については，同じ類型に属するより程度の重い犯行に減免規定があることを援用する。また，重刑に処すべき事案については，同種の類型のより程度の軽い犯行に対する処罰規定があることを援用する」とあり，『大清会典』には「律と例のいずれにも明文規定がない時は，類似の規定を参照して裁断することができる（律与例无条者得比而科焉）」とある。以上に述べたさまざまなケースこそ，類似の法律条文や成文法典の『名例』に依拠し，「類推」を適用して判例を生み出すための基本的筋道にほかならない。

④　習俗から例を生み出す

「習俗から例を生み出す」とは，成文の法律条文や既存の判例とその土地の独特の民族習慣や風俗とが明らかに衝突する場合，支配者が司法裁判の中で国法と民俗との調和を追求することによって，判例を生み出すことである。『後漢書・馬援伝』によると，馬援は交趾（五岭以南の少数民族地区）を攻略した後，「越律と漢律の抵触に関する十余箇条を上奏した上で，越人に対して旧来の制度を適用すると声明した。それ以後，越では馬将軍故事が施行された」120)とある。馬将軍故事とは，実際上は判例や成事のことであって，漢律と越人の風俗習慣との妥協の産物なのであった。また，『通制条格』には，「至元十年十二月，中書省兵部から，烟亥貪と李望兒が姦通し，

外地に逃亡し，男女子を産んだが，男子は父に付け，女子は母に付けてはどうかと上申してきた。都省はこれを許可した」[121]とある。同書には，さらに，次のような記事も載せられている。火州城の婦女が女児を産み，水中に落として溺死させてしまい，官人に捕まり，その財産の半分を軍隊に没収された。告発した者は奴隷であったが，解放されて百姓となった[122]。これらの判例は蒙古民族の風俗習慣を根拠とするものである。元代には，蒙古人の風俗習慣が支配階級の法意識にまで高められて，機能を発揮しえたのである。

(3) 判例適用の手続

判例適用の手続とは，既存の判例や故事を援用して現実の事案を裁決する作業の方法とプロセスのことである。ただし，判例適用のプロセスはけっして最初からルール化されていたわけではない。それは，実際には，ルール化されていない段階からルール化された段階へ，また，分散から集中へという変遷進化の過程をたどった。漢の高祖七年の詔を例に取れば，県，道，郡，廷尉はいずれも判例を適用する権限を有しており，疑問に遭遇し正確な理解ができない時にのみ順次上級に報告して指示を仰ぐことになっていた。漢の武帝の時には，判例を適用する者の多くは中央の司法機関であった。廷尉張湯が何度も董仲舒の門をたたいて教えを請い，『春秋』によって疑獄を裁断しているのはその証拠である。これは判例の適用をコントロールするための措置の一つである。晋の恵帝の時には，審理案件の多くは「妥当な先例故事を選んで事案を裁断し（議事以制）」，「事案ごとの具体的な情況に照らして処断がなされ（臨時議處）」，「皇帝は最善を尽くすことを求め，官吏たちは牽強付会な解釈をして，皇帝の意に迎合しようとした（上求尽善則諸下牽文就意，以赴主之所許）」という。皇帝が先頭に立って判例を創造し適用し，下級の者は争ってこれにならったのである。このため，「法律に違背して勝手に処断したり（背法意断）」，「事案の種類は同じなのに適用される法が異なる（事同異法）」という状況がもたらされた。

このため,『晋書・刑法志』は次のように述べている。「惠帝の時代には, 政事が群臣の手で行われるようになり, 困難な訴訟事案が発生するたびに, 各自の私見による主張がなされ, 刑法は不統一となり, 訴訟がはびこった。このため, 劉頌が上書を奉り,「司法官は法律条文を遵守し, 法律条文を命より大事なものと考え, あえて法律制度に違反してはならない」,「法条の規定がなく, 名例にも言及がない行為については, 大臣が討論して法理の欠缺を解決してもよい」,「非常時における例外的な処断は, 君主のみが行うことができる」という三つの基本原則を提起したのである。晋の元帝の時には熊遠が上書して「およそ反対意見を述べるに際しては, もしそれが法律の規定と一致しない場合には, 儒家の経書もしくは過去の判例や故事を挙げなければならないのであって, 情理によって法律を破壊してはならない」, また,「大臣が意見を述べる時は, 必ず法律条文もしくは儒家の経書を援用しなければならず, 情理のみを根拠にしてはならない。さもなければ, 客観的な基準なしに現行法典を損なうことになる。臨機応変に対処して先例を作るのは, 君主のみに出来ることであり, 臣下が単独でこれを行うことはできない」[123]などと述べた。これは判例の適用に対するさらに進んだコントロールである。

　判例の適用が基本的にルールにのっとって行われるようになったのは唐代のことである。『唐律』は次のように規定している。一, 事案の裁断に際して, およそ律令格式の正文があるものはすべて律令格式の正文を引かねばならず, 判例を援用してはならない。違反すれば処罰する。二, 事案の裁断に際して, 律令格式の正文がない場合は, 既存の判例を援用することができる。ただし, 援用する判例は必ず朝廷の審査許可を経て「永格」とされたものでなければならない。「皇帝の命である制勅によって臨時に罪を処断した事案であっても, 永格とはされていない事例を先例として援用してはならない。もし, これを援用して無罪の者を罪に処したり, 有罪の者を無罪とした官吏は, 故失罪に処す」[124]のである。この時代になると, 漢や晋の時代の司法官のようにかなり自由に判例を適用することができると

第5章 「礼法共同統治・混合法」時代の法文化　　　161

いった局面は，二度と戻ってくることはなかった。

　歴代の封建支配階級は，いずれも判例の編纂が判例の適用をコントロールする重要な措置であることをよく知っていた。たとえば，漢代の『春秋』，『決事比例』，唐代の編格，宋代の『断例』，明清の編例等々は，いずれも司法の統一のための有力な手段だったのである。

3．静と動のバランス

　「混合法」時代には，成文法と判例法は本来対立的で不調和な二つの法律類型であったため，両者の対立や矛盾は必然的かつ不可避であった。ただし，成文法も判例法もいずれも自らの力では克服できない欠陥や不十分さを抱えていて，一方の長所，短所はちょうど他方の短所，長所に相当していた。とりわけ，中央集権的君主専制政体の下では，全国の立法，司法活動に対する中央政府の全面的かつ有効な関与および指導によって，やっと，成文法と判例法の融合が実現し，「混合法」という法律類型が形成されたのである。

　もちろん，「混合法」の形成は，長期にわたる曲折に富んだ「摺り合わせ」の過程をたどった。この長期にわたる摺り合わせの過程で，法実践領域においては，しばしば以下のような法則性を帯びた現象もしくは傾向が見られた。

(1) 相対的な数量比と重心の転位

　「混合法」時代には，成文法典，単行法令，および判例という三種の基本的法規範形式の創設や適用の事例は，往々にしてその量的な面でバラツキがあった。以下の表のごとく，それらは数量の上でしばしば以下のA～Eの五種類の相対的比例関係のパターンを示しているが，同時に，ここからは法規範の創設や適用に際しての重心の転位を見て取ることもできる。

	成文法典	法　令	判　例
A	少	少	少
B	少	少	多
C	少	多	多
D	多	多	多
E	多	少	少

　Aの情況の例はたとえば西漢初期である。大乱が静まったばかりで，立法や司法の活動がまだ完全に正常な軌道に乗っていなかったため，当時の成文法典は法三章および漢律九章等のみであり，単行法令と判例もいずれも相対的にみて数が少なかった。このような情況は特殊なものであり，また一時的なものでもあった。

　Bの情況の例はたとえば漢の武帝の初期である。儒家思想が立法と司法の活動を指導し始めていたため，判例の創造と適用が数字の上で相対的に法典や単行法令の量を上回っていた。しかし，この現象も一時的なものであった。判例が一定程度蓄積されると，こんどはそれが単行法令へと転化したのである。

　Cの情況の例はたとえば漢の武帝以後の一定の期間に相当する。そこでは判例や単行法令の創造と適用の分量が成文法典のそれを上回っていた。これとよく似たことは宋代にもみられたのであって，当時の勅令と断例の地位も量的に法典を上回っていた。このことが法典の修訂のための基礎を固めたのである。

　Dの情況は，論理的にはありうるものの，実際にはあまりお目にかからない。このようなことは極めて不正常な現象だからであり，法典と単行法令がとても多くて，判例もおびただしいというのは，「政治を群臣が左右」し，法制機構がコントロールを失っている，もしくは正常に機能していないことの表れである。これに近い例が『晋書・刑法志』にいう「法律の条文は煩多で，故事，先例は数多く（律文煩廣，事比衆多）」，司法官がどう身を処してよいかわからず，あるいは，「情によって法をまげる（以情壊

法)」という事態であるが，このような局面はそう簡単に長続きはしない。

　Ｅの情況の例はたとえば唐代である。唐律が公布施行されると，それは詳細に整備され，かつ時代のニーズにもかなっていたため，単行法令や判例の創造と適用は相対的に減少した。この点はどの王朝についてみても同様で，成文法典が詳細に整備され，時代のニーズにマッチしていさえすれば，単行法令と判例の地位は抑制を受けるのである。しかし，社会生活の進化につれて，成文法典の時代遅れぶりや欠陥が必ず徐々に表面化してくる。こうして，成文法典が「多い」という数量面における優勢は，やがて実際には有効な成文法典が「少ない」という数量面における劣勢へと変化していくことになる。その間に今度は判例の地位がひそかに上昇していくというわけである。

(2)　「一方が盛んとなれば他方が止まり」，「他方が止まれば一方が盛んとなる」

　成文法と判例法は結局のところ二種類の性質を異にするものであり，このため，法実践において，両者は常に相互抑制的である。

　①　法典，法令が盛んとなり，判例が止まる場合について

　成文法典が詳細に整備され，かつ時代のニーズにかない，さらに単行法令でこれを補って社会生活の調整が充分行えている時，判例の創造と適用はそれが存在するための必然的条件を失う。支配階級は法制の統一を守るために，常に各級司法官に対し厳格に法典と法令によって事案を処理し，「事案に直面するごとに制度を改めたり，朝令暮改を行う（臨事改制，朝作夕改）」ようではならないとか，また，「事案を処理するのに律令を援用せず，官庁の内部ルールたる属命に依拠し，人ごとに異論を立て，委曲をつくしてものごとの実情に適合するようにして，国家の大法を破壊する（處事不用律令，竟作属命，人立異議，曲適物情，虧傷大例）」[125]ようなことをしてはならないと要求した。このような情況の下では，判例の創造や適用は厳しい制限を受けるのである。

② 法律，法令が止まり，判例が盛んとなる場合

成文法典，法令が時代の要請にそわず，あるいはすでに変化してしまった支配階級の法政策や法意識に符合しなくなると，判例の創造と適用が盛んになってくる。たとえば，漢の武帝の時期には，『春秋』によって疑獄を裁断し，判例という形式を用いて儒家思想の法律領域への浸透を完成させ，さらに，いつの間にか一部の法律条文を廃止してしまった。たとえば，董仲舒の判決した「子による父誤傷」事案と「夫の葬儀以前の妻の再婚」事案についていえば，法律によれば当然それぞれ「殴父」，「私嫁」のかどで死刑に処すべきであったが，判例はなんと無罪にして刑罰を減免したのである。また，『金史・刑法志』によれば，金朝初期に「制に欠缺がある時は律文によってこれを補う。制，律ともに欠缺があり，かつ困難な案件に遭遇して裁決しがたい時は，皇帝が裁断する（制有缺者以律文足之，制，律具缺及疑而不能決者，則取旨画定）」とある。金人固有の慣習法と漢族の封建法がいずれも十分に時代の要請に応えることができない場合には，ケース・バイ・ケースのやり方で判例を創造して運用するのが最も妥当な良策だったのである。

③ 判例と法令が盛んとなり，法律が止まる場合

判例と単行法令の間にはもともと密接な関係がある。単行法令はその発生経路からみると，しばしば個別具体的な判例の抽象化であった。そして，抽象化を経た後には，元来はただ元の案件の当事者に対してのみ拘束力を有するにすぎなかった個別具体的な法規範が，社会の成員すべてに対して拘束力をもつ一般的法規範へと変化させられるのである。このため，判例と単行法令はその創造や適用の面において，しばしば足並みを揃えて発展した。漢の武帝時代には判例と単行法令の創造，適用が圧倒的優位を占めていたため，成文法典は明らかに取るに足らないもののようにみえた。一方，清代の「例」は，個別具体的な判例とそれが抽象化されて出来た単行法令との混合体であったが，「例」は皇帝の御裁可を経ており，また，比較的時代の要請にもかなうものだったため，「例」は往々にして律より高い地

位を占めることとなった。これが「例があれば律は適用しない（有例則置其律）」とされたり，定期的に例の編纂が行われたりした理由である。

(3) 判例が法令，法典へと発展する

判例とは法律の明文規定がないにもかかわらず裁決せざるをえないという情況の下で生み出されるものであるため，判例の創造は特殊な立法行為にほかならない。また，判例の単行法令への転化は，立法の簡便化にも通ずる。また，単行法令が成文法典のなかにまとめられるということは，法令の集約化である。いかなる判例もそれが合理的でかつ利用価値がある限り，すべて法令に転化する可能性を有しているのである。

西漢の廷尉張湯は，かつて大臣顔異が「令の不備な点を承知しながらそれを言上せずに腹の中で誹った（見令不便不入言而腹非）」ことを理由に，顔異を死刑に処した。それ以後，「腹非という先例が行われた（有腹非之法比）」[122]。この判例は「腹非（腹の中で誹る）」という新たな罪名とそれに相応する刑罰を創設したが，その意味合いは一条の新法令制定と同様であった。『後漢書・張敏伝』によれば，建初年間，ある人が侮辱され，侮辱された者の子が怒って侮辱した者を殺したが，粛宗は殺人者の死罪を免じて釈放した。「これ以後，これが先例として援用されたため，検討の結果，軽侮法が制定された（自後因以為比，逐定其議，以為軽侮法）」という。これも判例から法令に転化した一例である。

『大誥』は明の太祖朱元璋親裁の判例集である。洪武二六年に始まる，『大誥』中の多くの条目は次第に条例に転化している。たとえば，『充軍条例』，『真犯雑死罪条例』，『応合抄札条例』などは個別具体的な判例を法令に変えたものである。洪武三〇年には，『欽定律誥』が成立したが，これに『大誥』の条目から組み入れられたものは36条に達した。同じ年，『大明律』が成立し，『欽定律誥』はその末尾に付け加えられて『大明律』の構成要素となった[123]。個別具体的な判例が抽象作業を経て法令となった後，また成文法典に組み入れられる。これが判例の行き着く先であり，また，新たな判例誕

生に向けての出発点である。

「混合法」時代には，皇帝権力が直接立法，司法を主宰するという事態の下で，成文法と判例法との間の，互いに消長しあい，互いに補い合うという外的な関連，および判例が成文法典を根拠にしたり，また成文法典に組み込まれたりするという内的な関連のおかげで，封建時代の法実践のあり方はマクロ的にみてダイナミックなバランスの取れたものとなっていたのである。

第5節　「礼法共同統治・混合法」時代の終結とその遺産

封建社会末期には，商品経済の発展と市民階層の形成にともなって，市民の利益や要求を代弁する啓蒙思想が生まれた。明末清初の啓蒙思想家黄宗羲はその最も典型的な代表的人物である。彼の著した『明夷待訪録』は，反伝統的なスタイルで，世人に対して〈封建的法制は帝王の一家一姓のために奉仕する「一家之法」であり，人民大衆の利益を代表する「天下之法」によって取って代わられなければならない〉と宣言した。彼はさらに君主権力を制限するよう主張し，「学校を興し，知識分子を集めて時政を論ずる（学校議政）」という制度を設立して社会的名望家を直接国家の政治活動に参画させるよう提案した。こうした黄宗羲の政治・法思想は，封建時代の正統的法思想の衰退を示している。

アヘン戦争の後，中国は次第に半封建半植民地社会へと転落していった。危急存亡の祖国救済を自らの任務とした一群のブルジョア階級の改良主義的な人々は，熱心に西洋の先進的な政治・法律制度を学び，さらに，それを手本として変法図強（制度改革による強国化）を期した。彼らは皇帝の支持の下に新政を推進し，すべての中国人の耳目を一新させた。この勇ましく盛大に進められた戊戌変法が失敗した後，今度は清朝政府の了承の下に，数ヵ年を期限とする法典編纂活動が進められた。沈家本に代表される法律家が列強を模範として西洋の先進的な法律と制度を取り入れた。この

ような新しいタイプの資本主義的性格をもつ法律（あるいは草案）の誕生は，中国の伝統法が終わりの時を迎えたことを示している。中国で今日使用されている法律関係の専門用語，原則，制度などのほとんどすべては，ほぼこの時に基礎づけられたといってもよい。

「礼法共同統治・混合法」時代が後世に遺した歴史的遺産は非常に多いが，簡単にいってしまうと，それには主として二つのものがある。一つは集団主義の価値観である。このような価値観は家族制度や集権的専制制度と緊密に結合してそれと一体化し，かつて中国社会の発展を深刻に阻害した。もう一つは「成文法」と「判例法」が互いに結合した「混合法」である。北洋軍閥政府の時期には，大理院が「司法の独立」の旗印の下に，判例法活性化路線を推進したことがある[128]。また，国民党政府の時期には，「六法」体系の成文法典を実施すると同時に，大量の「判例要旨」を適用して成文法の不足を補ってもいた[129]。新中国成立後の数十年間は，成文法が整備されていないという情況の下で，判例が人々の想像をはるかに超える大きな役割を発揮した[130]。以上の点からみると，「混合法」の伝統はすでにしっかりと根づいているのであり，今日の法制建設においても，依然としてかけがえのない役割を発揮するだろうと考えられる。

終章　中国の伝統法文化と世界の法文化

　中国の伝統法文化は，かつて世界の法文化界で異彩を放っていたばかりでなく，現在でもその特有の様式と精神によって世界の法文化の未来を予告している。中国の伝統法文化の成果に直面するとき，我々は常にその昔ながらの栄光と旺盛な生命力に感銘を受けるのである。

第1節　中国の伝統法文化の昔ながらの栄光

　比較法を研究する学者たちは，これまで世界中の法文化をいくつかの「法系」もしくは「法族」に分類してきた。たとえば，日本の法学者穂積陳重（1856年〜1926年）は，インド法族，中国法族，イスラム法族，イギリス法族，ローマ法族の五大法族説（後にゲルマン法族，スラブ法族を追加）を提起している。ドイツの法学者コーラー（Josef Kohler）とヴェンガー（Leopold Wenger）は，世界の法系を原始民族法，東洋民族法，ギリシア・ローマ民族法の三種に分類した。このうち東洋民族法はさらに半文明民族法と文明民族法とに分かれ，中国は文明民族法に分類されている。アメリカのウィグモア（J.H.Wigmore）は世界の法系を16種類に分類した。エジプト，バビロン，中国，ヘブライ，インド，ギリシア，ローマ，日本，ゲルマン，スラブ，イスラム，海洋，大陸，寺院，英米，アイルランドである[1]。フランスの比較法学者ルネ・ダヴィド（René Dawid）の考えでは，現代の世界には主として三つの法体系があるという。ローマ＝ドイツ法（すなわち大陸法），コモン・ロー（すなわち英米法），およびソ連や東欧社会主義国に代表される社会主義法である。そして，これ以外にイスラム，インド，中国，

日本およびアフリカ各国等の法もあるという[2]。各国の学者はいずれも中国法の存在価値を軽視していないが，それはまさしく中国法が独特なものを備えているからである。中国法系は世界の法文化の中にそれなりの地位を占めているのであって，これは昔ながらの栄光である。

　著者の考えでは，世界の法文化を分類する際の基準は二つある。その一つは法規範の内容が依拠するところの基本精神である。二つ目は法規範を生み出しそれを実現するための作業手続である。この二つの基準はそれぞれ別々に用いられる。第一の基準を用いれば，世界の法文化を宗教主義の法文化，倫理主義の法文化，現実主義の法文化の三種に分けることができる。つぎに，第二の基準を用いれば，判例法型，成文法型，混合法型という三類型の法文化に分類することが可能である。

　中国の伝統法文化は，第一の基準，第二の基準のいずれを用いるにせよ，つねに必ず三類型中の一つの類型に匹敵するという位置を占めている。まさしく中国の伝統法文化が存在したからこそ，世界の法文化界はバラエティに富んだ様相を呈しているわけである。

　世界中の他のタイプの法文化と比較して，中国の伝統法文化には以下のようなはっきりした特徴がある。

　第一に起源が古いことである。中国の伝統法文化の起源は今から五千年前の黄帝時代に遡り，古代エジプト，古代バビロン，古代インドという三つの古代文明よりもやや古い。李鐘声氏の著した『中華法系』によると，「中華法系の起源は今から七千年前に遡り，現在知られている世界の古今の各法系の中で，歴史が最も古い」[3]という。そのとおりだとすれば，中国の伝統法文化の起源は全世界にはるかに先がけていたことになる。

　第二に長い歴史をもつことである。その経歴についていえば，中国の伝統法文化はその誕生の時から今日まで，その固有の精神と様式が世代による変化を経はしたものの，かつて中断されたことがないのである。その他の諸法文化は，あるいはその発生がやや遅かったり，あるいは発生は早くても様々な原因によって自らの伝統を中断してしまった。唯一中国の伝統

終章　中国の伝統法文化と世界の法文化　　　　　　　　　171

法文化のみが数千年にわたって脈々と受け継がれ、絶えることなく、今日に至っているばかりか、なお活気にあふれているのであるが、これは世界文化史上、稀に見る例である。

　第三にその内容的な奥行きが深いことである。中国の伝統法文化は「人本」主義（ヒューマニズム）の実践哲学に深く基礎づけられ、「人間」および「人間」の生存を大きな目的と考えている。さらに、法律と道徳とは表裏一体のものであり、また、法律と道徳は一種の手段にすぎないのであって、その目標は「人間が人間たる所以」である調和の境地に到達することだと考えている。このことが中国の伝統法文化を哲学的次元において神権法よりも高いところに位置づけさせるばかりでなく、人々の財産関係の調整を主要な任務とする近代法よりも高いところに位置づけさせ、これによって中華民族特有の民族の智恵と精神のおおらかさを誇示させるのである。数千年にわたる実践を通じて、中国の伝統法文化の広大で深淵な哲理と観念は、ずいぶん昔から深々と中華民族の体内に注入されていた。そしてそれが古代の中華民族をはぐくむとともに、現代の中国人をも形作っているのである。

　第四にレベルが高いことである。中国の伝統法文化は中華民族の長期にわたる実践の結晶である。それはかなり早い時期に、かなり徹底的に「神」の束縛から抜け出し、人間の主観的能動性を存分に発揮したため、法思想、法規範、法機構、法技術等のいずれの領域においても、世人を驚嘆させる輝かしい成果をかちえたのである。これらの成果は、今日の法実践にとっても、依然として学ぶべき大きな意義を有している。

　第五に影響の及ぶ広さである。中国の伝統法文化は中国の土地に住む多くの民族に薫陶を与え、さらに強力な文化メカニズムによって中華の大家族を凝集したばかりでなく、海外へも広く伝わった。中国の伝統法文化は非常に古い時期からすぐに朝鮮、日本、琉球、安南等の東南アジア地域に移植され、その結果、実質的な意味における中国法文化圏が形成された[4]。また、一種の哲学的観念として、中国の伝統法文化はかつてヨーロッパの

啓蒙運動や革命運動に対して潜在的影響を及ぼしたことがある。また，中国の文官制度は，かつて西洋人をして感心して舌を巻かせ，彼らは争ってこれを模倣しようとした。まさに李鐘声氏の言うとおり，「中国の法文化は古代の東アジア諸国に吸収され，また，新興の西洋諸国にも吸収された」のである[5]。

　第六に将来的見通しの射程距離が長いことである。中国の伝統法文化の基本的特徴たる「集団本位」と「混合法」は，ある程度人類の法実践活動の合理的価値およびそれに内在する法則性を具現している。あらゆる個人はみな社会的に意味づけられた人間として存在しているし，また，あるゆる個人の権利と自由は，すべて社会全体の権利と自由の実現という条件の下ではじめて実現しうるものでなければならない。このため，社会ないし人類全体の利益が法実践活動の起点と終点にならなければならない。中国特有の「混合法」は，「成文法」と「判例法」の両方の長所を同時に取り入れ，かつ，その短所を免れているという点で，最も科学的で合理的な法実践様式なのである。人類の法実践活動は，今後必ず自覚的に中国の伝統法文化が打ち立てた道しるべに沿って，引き続き前進していくことになると予言してもよい。

第2節　中国の伝統法文化の世界的意義

　中国の伝統法文化に特有の「成文法」と「判例法」が相互に結合した「混合法」様式は，機知に富む中国人が数千年に及ぶ勤勉な実践を経て，ようやくかちえた貴重な財産であり，中国の伝統法文化の永遠の魂である。

　中国が近現代の歩みを始めて後，中華民族は何度も天地がひっくり返るような変革を体験し，社会の姿は日に日に新しく変化した。しかし，中華民族はけっしてそのために自らの優秀な伝統を忘れ去るようなことはなかったのである。以下これについてみてみよう。

　北洋軍閥政府の統治した時期には，清末に編纂した法典を引き続きその

まま用いると同時に，大理院は大量の判例を創造し，これを適用した。

国民党の統治した時期には，国民政府は一方で大量の成文法典や法規を制定すると同時に，かなりの数の判例を創造して適用し，これによって成文法規の注釈や補充を行い，成文法を発展させた。

中華人民共和国成立後の十余年間，中国政府は一方で成文法典や単行法規を制定公布したが，他方で，判例の編纂に意をつくし，それを各地の司法裁判の基準とした。近年では，判例の役割は日ごとに人々に承認され，理解されるようになった。我々は誇りをもって見届けているのだが，中国の伝統法文化に固有の「混合法」様式の価値はすでに国境を越え，世界の法文化の発展の「指針」となっている。

今日，世界の法文化には一つの新しい動向が現れている。それは，「成文法」タイプの「大陸法系」がいままさに「判例法」タイプの「イギリス法系」に接近しつつあるということである。両者は各々の伝統的風格を保持しながらも，いままさに「局部的変異」を生じつつある。まさしく中国の学者が指摘しているように，ローマ法系の国家においては，法律上，あるいは理論的にいって，判例はなんら「拘束力」を持たず，法源の一つとはいえないものの，実践面においては，判例は「説得力」を有している。このような意味でいえば，判例は法源の一つに数えてもよいのである。一方，現在，コモン・ロー法系の国では，制定法と判例法は二つの主要な法源であり，全体としての法律の発展は両者の相互作用によって生み出されている[6]。そして，中国国外の比較法学者もこのような動向に充分注意を払っている。

『ブリタニカ百科全書 (*the Encyclopedia Britannica*)』によれば，イギリス法系の国においては，「相当部分のコモン・ローが単行法規の中に，さらには法典中に規定されている。また，フランス，ドイツおよびその他の大陸法国では，一部の法律は条文の形に規定されることなく，裁判所の手で徐々に生み出されている。その上，多くの法規や法典の条文はすでに裁判所の意見や解釈によって覆い隠され，その結果，これらの条文は実際上，司

法官の制定する法に支配されている。……実際に，コモン・ロー裁判所，とりわけアメリカの一部の裁判所は，徐々に新旧の判例を分類する技術を発展させ，これによって，判例の助けを求める需要を適度に減少させ，社会生活の安定性を擁護しようとしている。一方，大陸法の裁判所では先例に従って事案を処理しようとする傾向にある。これは，たんに法律の連続性と社会の安定性をはかるためばかりではない。各地の裁判所がみな同様に，このようにすれば時間と労力を節約でき，判決に際して各々の問題についてその都度あらためて考察しなくてもよくなる，と考える傾向にあるからでもある」[7]。

アメリカのスタンフォード大学教授メリマン (John Henry Merryman) は次のように指摘している。「確かに，大陸法系はけっして固定不変なものではなく，絶えず変革の中にある。……19世紀初期以来，大陸法系は極度に法律手続を求める革命的モデルから時とともに離脱してきた。普通裁判所の法律解釈権の拡大こそは，その動きが始まる兆候の一つであり，また裁判実践の中で司法判例を公布し援用したことが，さらに一層この過程の進行を加速した。さらに，行政行為の合憲性を審査する行政裁判所あるいは憲法裁判所の創設こそは，もう一つの重要なステップであった。たとえフランスの場合のように，この種の裁判所は歴史上は行政機関の一部分たるにすぎなかったとしても，現在ではその外観上も内容的にも，いずれも一般の裁判所と何の違いもなくなっているのである。先例に従うという原則は理論上はまだけっして承認されていないにしても，裁判所は実際にはすでに同類の案件は同様に処理するというやり方を堅持しており，……今日では，大陸法系全体において，裁判の役割が次第に拡大しつつあるのである」[8]。

アイルランドのダブリン大学教授ハント (G. J. Hand) とイギリスのアングリア大学教授ベントレー (D. J. Bentley) は，「19世紀には，制定法は次第にイギリス法の法源の一種として，過去の判例と肩を並べ始めた。我々のすでに知るところでは，イギリスの司法制度や司法手続が19世紀に進めた改革は，制定法が促進した結果であるが，制定法は法律の実質的内容にも

終章　中国の伝統法文化と世界の法文化　　　　　175

影響を与えた。……過去百年余りにわたって，制定法はイギリス私法の発展に重要な役割を果たした。さらに，将来この分野において果たす役割がますます重要となるだろうことは明らかである。イギリス公法の分野で制定法が果たした役割にはさらに顕著なものがあった。イギリスの地方政府の全体的組織は19世紀の制定法を根拠に改革されたものである。また，同時に，我々の行政法のほとんどは制定法である」[9]と述べている。

　イギリスのバリスタであるウォーカー (Ronald Jack Walker) は次のように指摘している。「19世紀は，法典編纂および司法裁判の成文法化の時代の到来を予告していた。そして，この時代に，制定法は主としてコモン・ローの発展を方向づけるために用いられる全く副次的な法源から，一躍コモン・ローと衡平法を凌駕する一つの主要な法源へと躍り出たのである」[70]。

　日本の元東京帝国大学 (現東京大学) 教授高柳賢三によれば，「イギリスではドイツの場合とは反対に，ベンサムが合理主義的立場から歴史主義的な判例法に批判を加えた。彼の影響は19世紀から今日に至るまで，判例法の部分的法典化を引き起こしている。……いわゆる「法典化的法律」とは，制定法ばかりでなく，判例法をもあわせて一つの制定法の形にした法律のことである。19世紀末から20世紀にかけて，数多くの法の領域がこの意味の法典化を見るに至ったのである。……これらの法典化的法律にあっても，なるべく内容的には現行判例法に依拠し，ただこれを制定法化するに止める傾向が強いのである。そして法典化的法律の解釈につき疑いがあるときは，──そして疑いがあるときに限り──旧判例に遡りうることになっている」[11]。

　イギリスのケンブリッジ大学の比較法の教授ジョロウィッツ (J. A. Jolowicz) は，「今日では，フランスの場合であれ，ドイツの場合であれ，法律の広大な領域が事実上すべて裁判所の判決の成果であることを誰も否定できない。もし誰かコモン・ローの法学者の中に，まだ大陸法系には判例法が存在しないと考えている者がいるならば，判例を大量に引用している大陸法国家の法学教科書をちょっと見てみればよい。それだけで，彼はす

ぐに自分が大間違いをしていたことに気が付くはずである。……今日では，司法官は自らが妥当だと考える判例を適用することによって，妥当でないと考える判例の出現を防止するある種の特権を有しているが，このため人々はますます司法官は自分が制約を受けるのを望む範囲内においてのみ，制約を受けるものだと考えるようになっている。もし，これが確かだとすれば，このことは，あるコモン・ロー国家において，判例の力の源泉は同様にその権威にあるというよりもむしろその理性にあるということを意味している。大陸法とコモン・ローとは，この問題についての表向きの処理方法は全く異なるけれども，その外観の下の事情は結局それほど大きな隔たりはない。……疑いもなく，現在のコモン・ロー国と大陸法国の両者の発展方向は，この二種類の法律体系の法律家の思考パターンを過去に比較してさらに接近させている。このような動向は，いたるところで，いずれも比較法研究の発展によって促進されている」[12]と述べている。

　さらにアメリカのイリノイ大学の比較法の教授ピーター・ケイ（Peter Kaye）の考えでは，アメリカの現在の法律制度は純粋な判例法制度でもなければ，法律や法典編纂のみから成り立っているわけでもなく，むしろ，一種の混合的制度といったほうがよいという。

　旧西ドイツのハンブルク大学教授ツヴァイゲルト（Konrad Zweigert）とコンスタンツ大学教授ケッツ（Hein Kötz）は以下のように指摘している。「現在いくつかの〈混合的〉な法律体系が存在しているが，それらを正確にいずれかの法系に分類することは容易ではない。たとえば，ギリシア，アメリカのルイジアナ州，カナダのケベック州，スコットランド，南アフリカ，イスラエル，フィリピン，プエルトリコ，中華人民共和国その他のいくつかの法律体系がそれである。それらにとって，問題はそれらが様式上最も近いのはどの法系かということであるが，それを明らかにするためにはきめ細かい検討が必要である。人々は，往々にして，一つの法律体系の中のいくつかの分野には〈母法〉の刻印が備わっており，他方，別の分野には別のしるしが付いていることを発見する。このような情況の下では，ある法系，

終章　中国の伝統法文化と世界の法文化

あるいはそれとは別の法系のいずれかに完全に帰属させることは，たとえば家族法，相続法，商法といった特定の法律領域に関して分類する場合を別にすれば，不可能である。時には一つの法律体系がちょうど特定の法系に向かって移行する過程に置かれている場合もある。このような情況の下では，いつこの法系の変更が完成したかが往々にして大きな問題となるが，ひょっとすると，その確かな時点を確定することは不可能かもしれない。要するに，それらの〈混合的〉法系の事例が示しているように，法律の世界を〈系〉や〈集団〉に分類することは，有効ではあるが，かなり大ざっぱな方法なのである」[13]。

とても残念なことに，外国の法学者は大陸法系やイギリス法系のいずれかに帰することのできない「混合的」法系の存在に気づいていながら，二大法系という先入観にとらわれて，「混合的」法系がまさしく世界の法文化の発展の未来を代表しているということを承認したことがなく，また承認しようと考えてもいない。混合法が世界の法文化の発展の未来を示しているというのは，それがまさしく世界の法文化が衝突から融合へと向かっていくための必然的な帰結だからである。そして，この法則性を，中国の伝統法文化は早くも二千年前に，すでに表明していたのである。

我々は，中国の法文化が，伝統法文化も近現代の法文化も，いずれも終始その特有の法律様式によって，世界の法文化の中で異彩を放っているということを誇りをもって見届けた。我々はつとめて中国法文化の歴史遺産を掘り起こし，これをいっそう輝かせ，現代中国の法文化建設の中でその威力を発揮させ，世界の法文化界でその艶を競わせ，時代を先導しなければならない。

注

序　章

1）『周恩来選集』下巻，197頁。

第1章

1）『韓非子・十過』。「蚩尤居前，風伯進掃，雨師灑道，虎狼在前，鬼神在後，螣蛇伏地，鳳凰覆上，大合鬼神，作為清角」
2）拉法格『宗教和資本』（中国語訳本，王子野訳），三联書店，1963年。
3）『史記・孔子世家』。
4）『尚書・呂刑』。
5）『馬克思恩格斯選集』第4巻，94頁。
6）『史記・五帝本紀』註引『龍魚河図』。「蚩尤殁後，天下復擾乱不寧。黄帝遂画蚩尤形象，以威天下。天下咸謂蚩尤不死，八方万邦，皆為殄伏」
7）『韓非子・十過』。
8）『論衡・是応』。
9）さらに「匄」という字も傍証とすることができる。『管子・軽重甲』に「三月解匄，弓弩无匡移者」とあるが，『漢語大字典』（四川出版社，1986年）は「匄」とは「弓箭の道具を装備すること」（258頁）と解釈している。また，『説文解字』には「勹，裹也，象人曲形，有所包裹」とある。以上から「去」とは弓矢のことであるのは疑いない。
10）『睡虎地秦墓竹簡』，文物出版社，1978年，288頁。
11）『国語・晋語』。「昔少典氏娶于有蟜氏，生黄帝，炎帝，黄帝以姫水成，炎帝以姜水成，成而異徳，故黄帝為姫，炎帝為姜」
12）『繹史』第4巻引『帝王世紀』。
13）『述異記』。
14）『管子・地数』。「葛卢之山発出水，金従之，蚩尤受而制之，以為剣鎧矛戟。是歳，相兼者諸侯九。雍狐之山発出水，金従之，蚩尤受而制之，以為雍狐之戟芮戈。是歳，相兼者諸侯十二」
15）『龍魚河図』。「蚩尤兄弟八十一人，並獣身人語，銅頭鉄額，食沙石子，造立兵杖刀戟大弩，威振天下。黄帝仁義，不能禁止蚩尤。遂不敵，乃仰天而嘆」
16）『説文解字』に「乱，治也」，『爾雅，釈詁』に「乱，治也」とある。『尚書』，『左伝』などの古典文献中の「乱」の字は多くは「治」の字の意に解する。「作乱」とは，国を建てて大いに治め，はじめて法制を作ることである。

17) 『山海経・大荒北経』。「蚩尤作兵伐黄帝，黄帝乃令応龍攻之冀州之野。応龍畜水，蚩尤請風伯，雨師，縦大風雨。黄帝乃下天女曰魃，雨止，遂殺蚩尤」
18) 『逸周書・嘗麦』。「赤帝大慴，乃説于黄帝，執蚩尤，殺之于中冀，以甲兵釋怒。用大正順天思序，紀于大帝，用命曰絶轡之野。乃命少昊清司馬鳥師，以正五帝之官，故名曰質，天用大成，至于今不乱」
19) 『商君書・画策』。
20) 『史記・五帝本紀』注引。
21) 『左伝』昭公二九年。「少皞氏有四叔（弟），曰重，曰該，曰修，曰熙……該為蓐收……世不失職，遂済窮桑」
22) 『史記・周本紀』，『正義』。「炎帝自陳営都于魯曲阜，黄帝自窮桑登帝位，後徙曲阜，少昊邑于窮桑，以登帝位，都曲阜，顓頊始都窮桑，徙商丘」
23) 『論衡・是応』。「觟𧣾者，一角之羊也，性知有罪。皋陶治獄，其罪疑者，令羊触之，有罪則触，無罪則不触，斯蓋天生一角聖獣，助獄為験，故皋陶敬羊，起坐事之」
24) 『史記・楚世家』。「高陽生称，称生巻章，巻章生重黎。……共工氏作乱，帝嚳使重黎誅之而不尽，帝乃以庚寅日誅重黎，而以其弟呉回為重黎後，復居火正，為祝融」
25) 『国語・楚語』。「及少皋之衰也，九黎乱徳……顓頊受之，乃命南正重司天以属神，命火正黎司地以属民，使復旧常，無相侵瀆，是謂絶地天通。其後三苗復九黎之徳，堯復育重黎之後不忘旧者，使復典之，以至于夏商」
26) 郭沫若『出土文物二三事』，人民出版社，1972年。
27) 『史記・五帝本紀』，『正義』。「西南有人焉，身多毛，頭上戴豕，性很悪，好息，積財而不用，善奪人谷物，強者奪老弱者，畏群而撃単，名饕餮」
28) 『路史後紀・蚩尤伝』。「三代彝器多著蚩尤之像。為貪虐者之戒，其状率為獣形，傅以肉翅」
29) 『国語・周語』。「無亦鑒于黎苗之王，下及夏商之季，上不象天而下不儀地，中不和民而方不順時，不供神祇而蔑棄五則。是以人夷其宗廟而火焚其彝器，子孫為隸，不夷于民」
30) 『新書・修政語上』。
31) 『竹書紀年』。
32) 『論衡・別通』。
33) 『竹書紀年』。
34) 『山海経』，『大荒西経』，『西山経』。「玉山，是西王母所居也。西王母其状如人，豹尾，虎歯而善嘯，蓬髪戴勝，是司天厲及五残」
35) 『述異記』上。
36) 『文選・西京賦』。
37) 袁柯訳注『山海経全訳』《附録》劉歆《上山海経表》，貴州人民出版社，1991年，353～354頁。
38) 『史記・高祖本紀』。
39) 『史記・封禅書』。

40)『山海経・西山経』郭注。
41)『国語・晋語二』。
42)『山海経図賛』。
43)『逸周書・嘗麦』。
44)『左伝』昭公二九年。
45)『文選・西京賦』。
46)『列子・黄帝』。
47)『孔叢子・論書』。
48)『周礼・冬官・考工記』。原注には「皋陶,鼓木也」とある。
49)『史記・司馬相如伝』注引張揖。
50) 于恩伯『釋人,尸,仁,尼,夷』,天津大公報,1947年1月29日。
51) 史樹青『麟為仁獣説』,『古文字研究』一七輯。
52) 王献唐遺書『炎黄氏族文化考』,斉魯書社,1985年,36頁。
53)『説苑・辨物』,「含任懷義,音中律吕,行歩中規,折旋中矩,擇土而践,位平然後処」
54)『春秋経』哀公一四年。
55)『論衡・指瑞』。
56)『後漢書・輿服志下』。「法冠,一曰柱,高五寸。鉄柱卷,執法者服之……或謂之獬豸冠。獬豸,神羊,能別曲直,楚王嘗獲之,故以為冠」
57)『異物志』。「北荒之中有獣,名獬豸,一角,性別曲直,見人闘,触不直者,聞人争,咋不正者,楚王嘗獲此獣,因象其形,以制衣冠」
58)『岑嘉州詩・送韋侍御先帰京』。
59)『唐会要・御史台・弾劾』。「乾元二年四月六日敕御史台:所欲弾事,不須先進状,仍服豸冠……(旧制)大事則豸冠,朱衣,熏裳,白紗中単以弾之,小事常服而已」

第2章

1)『尚書・召誥』。
2)『尚書・湯誓』。「爾尚輔予一人,致天之罰……爾不従誓言,予則孥汝戮,汝,罔有攸赦」
3)『尚書・盤庚』。
4) 郭沫若『殷契粹編』487,昭和12(1937)年,日本東京文求堂石印本。
5) 董作賓『殷墟文字乙編』4604。
6)『詩経・大雅・板』。
7)『左伝』昭公六年。
8)『左伝』襄公二五年。
9) 郭沫若『出土文物二三事』,人民出版社,1972年版。
10)『礼記・曲礼』。「亀為卜,筴為筮。卜者,先聖王之所以使民信時日,敬鬼神,畏法令也,所以使民決嫌疑,定猶豫也。故曰:疑而筮之則弗非也,日而行事則必践之」

11)羅振玉『殷虚書契前編』6.252, 民国2（1913）年, 据国学叢刊石印本影印本。
12)郭沫若『殷契粋編』487。
13)董作賓『殷墟文字乙編』4604。民国38（1949）年, 商務印書館影印本。
14)商承祚『殷契佚存』850, 民国22年, 金陵大学中国文化研究所影印本。
15)胡厚宣「殷代的刖刑」『考古』1973年第二期, 108, 110, 114頁。なお, 胡厚宣輯, 王宏・胡振宇整理『甲骨続存補編』甲編下巻七, 天津古籍出版社, 1996年, 34頁参照。
16)『尚書・洪範』。
17)『尚書・盤庚』。
18)『尚書・洪範』。
19)『左伝』昭公一四年。
20)『荀子・正名』。「後王之成名：刑名従商, 爵名従周, 文名従礼……其民莫敢托為奇辞以乱正名, 故壹于道法而謹于循令矣」

第3章

1）ここでいう「判例法」は, 英米法系の判例法とは大きな違いがあるが, 両者の間には類似点もある。
2）「単項立法」とは, 違法や犯罪の概念, 司法の一般原則, および刑罰制度等々について, それぞれ別々の立法によって規定したものであって, それらの内容が一つの法典としてまとめられた形をとらない立法のことである。
3）『礼記・表記』。
4）『尚書・無逸』。
5）『尚書・微子』。
6）『尚書・西伯戡黎』。
7）『尚書・君奭』。
8）『尚書・蔡仲之命』。
9）『尚書・康誥』。
10）『左伝』荘公三二年。
11）『左伝』桓公六年。
12）『論語・先進』。
13）『論語・雍也』。
14）『論語・子路』に「善人為邦百年, 亦可以勝残去殺矣」とあるのを参照。
15）『論語・為政』。
16）『論語・八佾』。
17）『逸周書・明堂』, および『尚書大伝・周書・帰禾』。
18）『礼記・大伝』。
19）『史記・太史公自序』,『索隠・案語』。
20）『詩経・小雅・北山』。

21)『礼記・曲礼上』。
22)『左伝』成公一二年。
23)『左伝』宣公一五年。
24)『尚書・康誥』。
25)『尚書・大誥』。
26)『尚書・武成』。
27)『尚書・洛誥』。
28)『尚書・康誥』。
29)『尚書・召誥』。
30)『尚書・大誥』。
31)『尚書・顧命』。
32)『尚書・酒誥』。
33)『国語・魯語』。
34)『左伝』襄公一六年，二六年。
35)『史記・滑稽列伝』。
36)『左伝』昭公七年。
37)『左伝』文公一八年。「毀則為賊，掩賊為藏，窃賄為盗，盗器為姦，主藏之名，頼姦之用，為大凶徳，有常無赦，在九刑不忘」
38)『国語・魯語』。「大刑用甲兵，其次用斧鉞，中刑用刀鋸，其次用鑽鑿，薄刑用鞭撲，以威民也。故大者陳之原野，小者致之市朝，五刑三次，是無隠也」
39)『左伝』閔公元年に「魏，大名也（魏とは大の意である）」とある。
40) 郭沫若『両周金文辞大系図録考釋』，科学出版社，1958年。
41)『左伝』昭公六年，孔穎達疏。
42)『荘子・田子方』。
43)『左伝』成公二年。
44) 郭沫若『両周金文辞大系図録考釋』，科学出版社，1958年。
45)『左伝』襄公一九年。
46)『老子』三六章。
47)『説文解字』。
48)「史は文書を整理する（史献書）」，「史は文献を作成する（史為書）」，「史は文献を修正する（史定墨）」，「太史は典籍をつかさどる（太史守典）」，「工史は世事を記録する（工史書世）」，「左史は訓典を知悉している（左史能道訓典）」，「外史は対外的に公布する命令の作成をつかさどる（外史掌書外令）」，「小史は諸侯国の歴史文献を主管する（小史掌邦国之志）」，「内史は天子の八種の法律をつかさどる（内史掌王之八柄之法）」，「内史は国王の命令の作成をつかさどる(内史掌書王命)」，「大史は国家建設に関する六種の典籍をつかさどる（大史掌建邦之六典）」等々の用例がある。
49)『国語・晋語』。「兆有之，臣不敢蔽，蔽兆之紀，失臣之官，有二罪焉，何以事君？」

50)『左伝』宣公二年。
51)『国語・魯語上』。
52)『左伝』襄公二五年。「大史書曰：崔杼弑其君。崔子殺之。其弟嗣書，而死者二人。其弟又書，乃舍之。南史氏聞大史尽死，執簡以往。聞既書矣，乃還」
53)『左伝』昭公六年。
54)『国語・周語下』。
55)『左伝』襄公五年。
56)『国語・周語上』。
57)『荘子・人間世』。「成而上比者，与古為徒。其言雖教，謫之実也。古之有也，非吾有也。若然者，雖直而不病。是之謂与古為徒。若是則可乎？ 仲尼曰：悪，悪可。大多政法而不諜。雖固，亦無罪。雖然，止是耳矣，夫胡可以及化！ 猶師心者也」
58)『左伝』成公二年。
59)『国語・魯語上』。
60)『荀子・正名』。
61)『尚書・呂刑』。「墨罰之属千，劓罰之属千，剕罰之属五百，宮罰之属三百，大辟之罰，其属二百。五刑之属三千」
62)『周礼・秋官・司刑』。「司刑掌五刑之法以法以麗万民之罪：墨罪五百，劓罪五百，宮罪五百，刖罪五百，殺罪五百。若司寇断獄弊訟，則以五刑之法詔刑罰而以辨罪之軽重」
63)『逸周書・五権』。
64)『国語・晋語』。
65)『春秋左氏伝』昭公六年。「夏有乱政，而作禹刑；商有乱政，而作湯刑；周有乱政，而作九刑。三辟之興，皆叔世也。今吾子相鄭国，作封洫，立謗政，制参辟，鋳刑書，将以靖民，不亦難乎？」
66) 第1章注16参照。
67)「九刑」に相当する事件については、『左伝』文公一八年に周公が「毀則為賊，掩賊為藏，窃賄為盗，盗器為姦，主藏之名，頼姦之用，為大凶徳，有常無赦，在九刑不忘」と述べたとあるのを参照。
68) ここにいう「二項」とは、①いかなる行為が合法、違法、もしくは犯罪行為であるのか、②これらの合法もしくは違法行為に対してはいかなる賞罰を加えるべきか、という二種類の事項を指す。この二種類の事項について同一規定中にあわせて規定するのが「二項合一」である。
69)『左伝』昭公六年。「昔先王議事以制，不為刑辟，懼民知有争心也，……民知争端矣，将棄礼而徵于書，錐刀之末，将尽争之。乱獄滋豊，賄賂并行，終子之世，鄭其敗乎」
70)『左伝』昭公二九年。
71)『左伝』昭公元年。
72)『論語・子路』。

第4章

1) ここにいう「法治」は中国古代の法家の主張した「法治」という意味であって，西洋近代ブルジョア階級の「法治」とは極めて大きな違いがある．また，ここにいう「成文法」は慣習法に対応する，文字で表現された形式の法律という意味ではなく，立法と司法とが分離され，裁判官が厳格に法律に依拠して裁判を行う裁判方式のことである．
2) 『管子・乗馬』．
3) 『国語・斉語』．
4) 『論語・憲問』．
5) 『史記・管晏列伝』．
6) 『左伝』襄公三〇年．
7) 『左伝』昭公四年．
8) 『左伝』襄公三一年．
9) 『左伝』昭公六年．
10) 『史記・管晏列伝』．
11) 『左伝』昭公二五年．
12) 『左伝』襄公三年．
13) 『左伝』昭公元年．
14) 『左伝』哀公五年．
15) 『荀子・非十二子』．
16) 『呂氏春秋・離謂』．
17) 『列子・力命』．
18) 『左伝』定公九年．
19) 『国語・斉語』参照．
20) 『左伝』昭公一六年．
21) 『左伝』定公四年．
22) 『史記・張耳陳余列伝』．
23) 『荀子・王制』．
24) 『韓非子・五蠹』．
25) 『商君書・開塞』．
26) 『韓非子・顕学』．
27) 『韓非子・五蠹』，『韓非子・六反』等参照．
28) 『商君書・錯法』．
29) 『韓非子・五蠹』．
30) 馬克思・恩格斯「費爾吧哈（フォイエルバッハ）」『馬克思恩格斯選集』第1巻，53頁．
31) 『鄧析子・轉辞』．
32) 『荀子・非十二子』．
33) 『呂氏春秋・離謂』．

34) 『呂氏春秋・離謂』。
35) 『左伝』哀公二年。
36) 『尚書・費誓』。
37) 『管子・立政』。「凡将挙事，令必先出，曰：事将為，其賞罰之数，必先明之。立事者謹守令以行賞罰，計事致令，復賞罰之所加，有不合于令之所謂者，雖有功利，則謂之専制，罪死不赦」
38) 『左伝』昭公六年。なお，第3章第5節参照。
39) 楊伯峻『春秋左伝注』第4冊，中華書局，1981年，1276頁。
40) 『左伝』昭公二九年。「貴賤無序，何以為国？ 且夫宣子之刑，夷之蒐也，晋国之乱制也，若之何以為法？」
41) 著者の考えでは，「夷蒐之法」を制定したのは趙盾趙宣子である。『左伝』昭公二九年には「著範宣子所為刑書（範宣子のつくるところの刑書を著す）」とあり，あるいは「趙宣子」を「範宣子」と間違えている。さらに，「所為刑書」はあるいは「所用刑書（用いるところの刑書）」の意ではなかろうか。
42) 『左伝』文公六年。「春，晋蒐于夷，舍二軍。使狐射姑将中軍，趙盾佐之。阳処父至自温，改蒐于董，易中軍。陽子，成季之属也。故党于趙氏，且謂趙盾能，曰：'使能，国之利也'。是以上之。宣子于是乎始為国政，制事典……既成，以授大傅陽子与大師賈佗，使行諸晋国，以為常法」
43) 郭沫若『両周金文辞大系図録考釈』，科学出版社，1958年。
44) 『説文解字』。
45) 『左伝』襄公一〇年。
46) 『晋書・刑法志』。「秦汉旧律，其文起自魏文侯師李悝。悝撰次諸国法，著法経。以為王者之政莫急于盗賊，故其律始于『盗』，『賊』。盗賊須劾捕，故著『囚』，『捕』二篇。其軽狡，越城，博戯，借假，不廉，淫侈，踰制，以為『雑律』一篇。又以『具律』具其加減。是故所著六篇而已，是皆罪名之制也」
47) 以上については，『睡虎地秦墓竹簡』，文物出版社，1978年参照。
48) 『史記・秦始皇本紀』。
49) 『睡虎地秦墓竹簡』，30頁。
50) 『睡虎地秦墓竹簡』，150頁。「五人盗，臧一銭以上，斬左止，又黥以為城旦；不盈五人，盗過六百六十銭，黥劓以為城旦；不盈六百六十到二百廿銭，黥為城旦；不盈二百廿以下到一銭，遷之」
51) 『睡虎地秦墓竹簡』，181頁。同書注釈は以上のとおりだが，著者の考えでは，「挙」は「養育」の意ではなく，「報告（登録）」の意に解すべきである。すなわち，『商君書・境内』にいう「生者著，死者削」の意である。当時の法律では，子どもが生まれたら戸籍に登録すべきことになっていた。
52) 『睡虎地秦墓竹簡』，197頁。
53) 『睡虎地秦墓竹簡』，154頁。

54)『睡虎地秦墓竹簡』, 211頁。「律所謂者, 令曰勿為而為之, 是謂犯令；令曰為之弗為, 是謂法（廃）令也。廷行事皆以犯令論」
55)『睡虎地秦墓竹簡』, 220頁。「毋敢履錦履, 履錦履之状何如？　律何謂者, 以絲雑織履, 履有文, 乃為錦履, 以錦縵履不為, 然而行事比焉」
56)『睡虎地秦墓竹簡』, 207頁。「把其假以亡, 得及自出, 当為盗不当？　自出, 以亡論。其得, 坐臧為盗。盗罪軽于亡, 以亡論」
57)『睡虎地秦墓竹簡』, 179頁。
58)『睡虎地秦墓竹簡』, 175頁。
59)『易・鼎卦』に「九四：鼎折足, 覆公餗, 其形渥」とある。餗とは美味なご馳走, 形は刑, 渥は剭, 即ち墨刑のことである。その大意は, 鼎の足が折れ, 王公の祭祀に用いる食物がひっくり返れば, 鼎を鋳た工匠を墨刑に処すということである。
60)『尚書大伝』。
61)『左伝』文公一八年。
62)『左伝』昭公一四年。
63)『左伝』成公一六年。
64)『尚書・費誓』。
65)『尚書大伝』。
66)『睡虎地秦墓竹簡・語書』。「古者, 民各有郷俗, 其所利及好悪不同, 或不便于民害于邦, 是以聖王作為法度以矯端民心, 去其邪僻, 除其悪俗。法律未足, 民多詐巧, 故後有間令下者。凡法律令者, 以教道民, 去其淫僻, 除其悪俗, 而使之于為善也。今法律令已具矣, 而吏民莫用, 郷俗淫失之民不止, 是即法（廃）主之明法也……故騰為是而修法律令, 田令及為間私方而下之, 令吏明布, 令吏民皆明知之, 毋巨于罪。今法律令已布, 聞吏民犯法為間私者不止, 私好郷俗之心不変……今且令人案行之, 挙劾不従令者, 致以律, 論及令丞」。なお文中「故後有間令下者」の「間」は間或, すなわち, 常にとかたびたびの意に読むべきである。『秦簡』は干, すなわち, 失礼なことをするの意と注釈しているが, おそらく妥当ではない。
67)『睡虎地秦墓竹簡』, 15, 19～20頁。「凡良吏明法律令事, 無不能也, 又廉潔愨愨而好佐上, 以一曹事不足独治也, 故有公心, 又能自端也, 而悪与人辨治, 事以不争書。悪吏不明法律令, 不知事, 不廉潔, 無以佐上, 偸惰疾事, 易口舌, 不羞辱, 軽悪言而易病人, 無公端之心, 而有冒抵之治, 是以善訴事, 喜争書」。なお, 『秦簡』は, 「凡良吏明法律令, 事無不能也」と文節を切るが, おそらく妥当ではない。私の考えでは, 「法律令事」は並列されるべきものである。事は, 廷行事のことで, 法源の一つであり, 裁判官の熟知すべきものなのである。
68)『史記・秦始皇本紀』。
69)『商君書・境内』。
70)『睡虎地秦墓竹簡』, 33頁。
71)『韓非子・五蠹』。

72)『商君書・定分』。
73)『睡虎地秦墓竹簡』, 19頁。

第5章

1)譚嗣同『仁学』二十九（『譚嗣同全集』, 中華書局, 1981年, 337頁）。
2)『論語・先進』。
3)『荀子・王制』。「雖王公大人之子孫也, 不能属于礼義, 則帰之庶人, 雖庶人之子孫也, 積文学正身行能属于礼義, 則帰之卿相士大夫」
4)『荀子・勧学』。
5)張国華・饒鑫賢『中国法律思想史綱』（上）, 甘粛人民出版社, 1984年, 118〜119頁。
6)『荀子・大略』。「礼之于正国家也, 如権衡之于軽重也, 如縄墨之于曲直也, 故人無礼不生, 事無礼不成, 国家無礼不寧」
7)『荀子・修身』。
8)『史記・太史公自序』。
9)『荀子・王制』。
10)『荀子・致士』。「君者, 国之隆也……隆一而治, 二而乱, 自古及今未有二隆争重而能長久者」
11)『荀子・成相』。
12)『荀子・修身』。
13)『荀子・成相』。
14)『荀子・君子』。「天下暁然皆知夫盗窃之不可以為富也, 皆知夫賊害之不可以為寿也。皆知夫犯上之禁之不可以為安也……皆知夫姦則雖隠竄逃亡猶不足以免也」
15)『荀子・議兵』。
16)『韓非子・姦劫弑臣』に「賞厚而信」,「誅重而必」とあるのを参照。
17)『荀子・王制』。
18)『荀子・王霸』。
19)『荀子・君道』。
20)『荀子・正論』。「賞慶刑罰皆報也, 以類相従者也……賞不当功, 罰不当罪, 不祥莫大焉」
21)『漢書・刑法志』に「秦用商鞅, 連相坐之法, 造参夷之誅」とある。顔師古注は「参夷とは三族を殺すこと」とする。三族とは, 一説には父族, 母族, 妻族, 一説には, 父, 子, 孫, 一説には, 父母, 兄弟, 妻子, また一説には, 父の兄弟, 自分の兄弟, 子どもの兄弟を指すという。
22)『荀子・君道』。
23)『荀子・議兵』。
24)『荀子・王制』。
25)『韓非子・和氏』。

26)『史記・儒林列伝』。「天下争于戦国，儒術既絀焉，然斉魯之間，学者独不廃也」，「及高皇帝誅項籍，挙兵圍魯，魯中諸儒尚講誦習礼楽，弦歌之音不絶，豈非聖人之遺化，好礼之国哉？」，「夫斉魯之間于文学，自古以来，其天性也！」
27)『史記・儒林列伝』。「陳渉之王也，而魯儒持孔氏之礼器往帰陳王。于是孔甲為陳渉博士，卒与渉俱死……縉紳先生之徒負孔子礼器往委質為臣者何也？以秦焚其業，積怨而発憤于陳王也」
28)『史記・儒林列伝』。「叔孫通作漢礼儀，因為太常，諸生弟子共定者咸為選首，于是喟然興于学」
29)『史記・儒林列伝』。「絀黄老刑名百家之言，延文学儒者数百人，而公孫弘以《春秋》白衣為天子三公，封以平津侯，天下学士靡然郷風矣」
30)『史記・儒林列伝』。「為博士官置弟子五十人復其身，太常擇民年十八以上儀状端正者補博士弟子」
31)『史記・儒林列伝』。「郡国県道邑有文学，敬長上，粛政教，順郷里，出入不悖所聞者，令相長丞上属所二千石」
32)『史記・儒林列伝』。「一歳皆輒試，能通一芸以上，補文学掌故缺，期高第可以為郎中者，太常籍奏，即有秀才異等，輒以名聞」
33)『墨子・尚賢上』。
34)『墨子・天志下』。
35)『淮南子』中の「詮言訓」，「原道訓」等の諸篇参照。
36)『論語・季氏』。
37) 皮錫瑞『経学歴史』，中華書局，1959年，103頁。
38) 劉向『別録・孫卿叙録』。
39)『漢書・董仲舒伝』，『春秋繁露・王道通三』参照。
40) 譚嗣同『仁学』二十九（『譚嗣同全集』，中華書局，1981年，337頁)。
41)『荀子・勧学』。法と類の併称は荀子に始まる。韓非子も同様である。
『韓非子・説疑』には「害国傷民，敗法毀類」とある。また，『方言』には「斉謂法為類」とある。ここから「類」は「法」（成文法典）と区別され，これに並置される法規範であることがわかる。
42)『論語・子路』。
43)『睡虎地秦墓竹簡』。
44)『荀子・王制』。
45)『荀子・君道』。
46)『荀子・君道』。
47)『礼記・中庸』。
48)『荀子・王制』。「法而不議，則法之所不至者必廃，職而不通，則職之所不及者必墜。故法而議，職而通，無隠謀，無遺善，而百事無過，非君子莫能」
49)『荀子・修身』。「人無法則倀倀然，有法而無志（識，知）其義則渠渠然，依乎法而又深

其類，然後温温然」
50)『荀子・非相』。
51)『荀子・解蔽』。
52)『荀子・儒效』。
53)『荀子・非相』。
54)『荀子・王制』。
55)『荀子・臣道』。
56)『荀子・君道』。「羿之法非亡也，而羿不世中，禹之法猶存，而夏不世王。故法不能独立，類不能自行，得其人則存，失其人則亡」
57)『荀子・君道』。
58)『荀子・君道』。
59)『荀子・王制』。
60)『荀子・王制』。「類」とは判例および判例に体現された法律原則のことである。
61)『晋書・刑法志』。「刑書之文有限，而舛違之故無方，故有臨時議処之制，誠不能皆得循常也」
62)『晋書・刑法志』。「律法断罪皆当以法律令正文，若無正文，依附名例断之，其正文名例所不及，皆勿論」
63) ここにいう「死生以之」の解釈については，『芸文類聚』巻五十四『慎子』佚文「以力役法者，百姓也；以死守法者，有司也；以道変法者，君長也」とあること，および『商君書・賞刑』に「守法守職之吏不行王法者，罪死不赦，刑及三族」とあるのを参照。
64)『晋書・刑法志』。「君臣之分，各有所司，法欲必奉，故令主者守文，理有窮塞，故大臣釋滞，事有時宜，故人主斷断」
65)「情」は中国古代の司法活動において重要な地位を占めている。「情」には以下の三つの語義がある。①情理，常理（通常の道理）の意。それらは民族の風俗習慣や文化的伝統から生まれたものである。すなわち，「礼」や一般庶民のいわゆる「天理人情」がこれにあたる。法律の明文規定がない，もしくは法律規定に欠缺があるときには，この意味での「情」が裁判の基準となりえた。その場合，当然一定の手続によらなければならない。②感情，意志の意。これは主観的心理状態である。もし裁判官が法律に背き，自己の感情や意志（好悪の情）に任せて裁断を下せば，法制を破壊することになるだろう。同時に，この意味での「情」にはたとえば「故意」，「過失」，「偶発犯」，「累犯」など，違法犯罪行為者の主観的状態も含まれる。すなわち，董仲舒の「原心論罪」にいう「心」もこれに含まれる。③実情，情況の意。違法行為，犯罪あるいは争いなどの事実関係を指す。事案の実情は，違法犯罪を確認し処分を行うための重要な根拠である。注意を要することは，「情」の運用に際しては裁判官が決定的な地位を占めるという点である。なぜなら，「天理人情」は幅の広い概念であり，違法犯罪行為者の主観的状態というのは（行為者に）内在するものであり，事案の事実というのもきめの粗い素材にすぎないため，これらはいずれも裁判官による主観的な判断や評価を経て，はじめてその機能を発

揮することができるものだからである。そして，実際，裁判官の主観的な（好悪の）情はしばしば「天理人情」という外衣をまとってその機能を発揮する。このため，「天理人情」が機能を発揮しているときには，実際にはまさしく裁判官の主観的な情が機能を発揮しているのでもあって，両者は截然と区別することはできない。古代の伝統的観念にあっては，一方では，「天理人情」によって裁断するという建前をとった。なぜなら，成文法によって一切の問題を解決することはできなかったからである。ただし，その際には厳格な手続を経なければならなかった。また他方では，裁判官が裁判官個人の情にたよって裁断したり，甚だしい場合は好悪の情によって裁断したりすると，いずれも指弾や批判を受けた。

66)『晋書・刑法志』。「法蓋粗術，非妙道也，矯割物情，以成法耳，若毎随物情，輒改法制，此為以情壞法」
67)『晋書・刑法志』。「諸立議者皆当引律令経伝，不得直以情言，無所依准，以虧旧典」
68)『晋書・刑法志』。「凡為駁議者，若違律令節度，当合経伝及前比故事，不得任情以破成法」
69)『晋書・刑法志』。「開塞随宜，権道制物，此是人君之所得行，非臣子所宜専用」
70)『欧陽文忠全集・論韓綱棄城乞依法札子』。
71)『王文公文集・上時政書』。「蓋夫天下至大器也，非大明法度不足以維持，非衆建賢才不足以保守」
72)『王文公文集・上皇帝万言書』。「在位非其人而悖法以為治，自古及今未有能治者也」
73)『文献通考・刑考九』。「有司議罪，惟当守法，情理軽重，則敕許奏裁。若有司輒得舎法以論罪，則法乱于下，人無所措手足矣」
74)『東坡続集・王振大理少卿』。「任法而不任人，則法有不通，無以尽万変之情，任人而不任法，人各有意，無以定一成之論」
75)『東坡奏議・応制挙上両制書』。「人勝法則法為虚器，法勝人則人為備位，人与法并行而相勝，則天下安」
76)『朱子語類』巻108。
77)『朱子全書・治道一・総論』。「古之立法，只是大綱，下之人得自為，後世法皆詳密，下之人只是守法，法之所在，上之人亦進退下之人不得」
78)『朱子全書・治道一・総論』。「法至于尽公（詳備）而不私（無余地）便不是好法，要可私而公，方始好」
79)『大学衍義補・謹号令之頒』。
80)『大学衍義補・公銓選之法』。
81)『大学衍義補・簡典獄之官』。
82)『大学衍義補・定律令之制』。「事有律不載而具于令者，据其文而援以為証。有不得尽如法者，則引法与例取載于上」
83)『読通鑑論』第6巻，第10巻。「治之敝也，任法而不任人。夫法者，豈天子一人能持之以遍察臣士乎？ 勢且乃委之人而使之操法」，「任人而廃法，則下以合離為毀誉，上以

好悪為取舎, 廃職業, 循虚名, 逞私意, 皆其弊也」,「法無有不得者也, 亦無有不失者也」,「天下有定理而無定法, 定理者, 知人而已矣, 安民而已矣, 近賢远姦而已矣, 無定法者, 一興一廃一繁一簡之間, 因乎時而不可執也」,「就事論法, 因其時而取其宜, 即一代各有弛張, 均一事而互有伸詘, 寧為無定之言, 不敢執一以賊道」,「夫法之立也有限而犯也無方, 以有限之法尽無方之慝, 是誠有所不能矣, 于是律外有例, 例外有奏准之令, 皆求以尽無方之慝而勝天下之残」

84)『歷代刑法考・刑制総考・唐』, 中華書局, 1985年, 51頁。「法之善者仍在有用法之人, 苟非其人, 徒法而已」,「大抵用法者得其人, 法即厳厲, 亦能施其仁于法之中, 用法者失其人, 法即寬平, 亦能逞其暴于法之外」,「有其法猶貴有其人」

85)『太平御覽』640。「甲父乙与丙争言相鬪。丙以佩刀刺乙, 甲即以杖擊丙, 誤傷乙。甲当何論？ 或曰：殴父也。当枭首。(仲舒)論曰：臣愚以為父子至親也, 聞其鬪, 莫不有怵悵之心。扶仗而救之, 非所以欲詬父也。《春秋》之義, 許止父病, 進薬于其父而卒。君子原心, 赦而不誅。甲非律所謂殴父, 不当坐」

86)『左伝』昭公一九年参照。

87)『太平御覽』640。「甲夫乙將船, 会海風盛, 船没溺流死亡, 不得葬。四月, 甲母丙即嫁甲, 欲皆何論？ 或曰：甲夫死未葬, 法無許嫁, 以私為人妻当棄市。議曰：臣愚以為《春秋》之義, 言夫人帰于斉, 言夫死無男有更嫁之道也。婦人無專制擅恣之行, 聴従為順, 嫁之者帰也。甲又尊者所嫁, 無淫行之心, 非私為人妻也。明于決事, 皆無罪名, 不当坐」

88)『通典』69。東晋成帝咸和五年散騎侍郎喬賀妻于氏上表引。「(時有疑獄曰：甲無子, 拾道旁棄兒乙養之, 以為子。及乙長, 有罪殺人, 以状語甲, 甲藏匿乙, 甲当何論？ 仲舒断曰：甲無子, 振活養乙雖非所生, 誰与易之？《詩》云：螟蛉有子, 蜾蠃負之。《春秋》之義：父為子隠。甲宜匿乙而不当坐)」

89)『春秋繁露・精華』。

90)『塩鉄論・刑徳』。

91)『史記・梁孝王世家』。「不通経術知古今之大礼, 不可以為三公左右近臣」

92) 程樹徳『九朝律考』, 中華書局, 1963年, 221, 273, 387, 388頁参照。

93) 私見によれば, これは一種の「類推解釈」のことである。一般の類推解釈は類似の法律条文を援用するものだが, これは類似の法律条文のない情況のもとで, 類似の先例を援用しているのである。この種の先例が「決事比」にほかならない。

94)『漢書・刑法志』。「其後姦猾巧法, 轉相比況, 禁網寖密, 死罪決事比万三千四百七十二事, 文書盈于几閣, 典者不能遍睹, 是以郡国承用者駁, 或罪同而論異, 姦吏因縁為市, 所欲活則傅生議, 所欲陥則予死比」

95)『魏書・刑罰志』。「集諸法律凡九百六十卷, 大辟四百九十条千八百八十二事, 死罪決事比凡三千四百七十二条, 決諸断罪当用者, 合二万六千二百七十二条」

96)『東観漢記・鮑昱伝』。「司徒辞訟久者数十年, 比例軽重, 非其事類, 錯雑難知, 昱奏定《辞訟比》七卷,《決事都目》八卷, 以斉同法令, 息遏人訟」

97)『後漢書・陳寵伝』。「少為州郡吏, 辟司徒鮑昱府, 数為昱陳当世便宜, 昱高其能, 轉為

辞曹，掌天下獄訟，寵為昱撰《辞訟比》七卷，決事科条皆以事類相従，昱奏上之，其後公府奉以為法」

98)『晋書・刑法志』。「漢時決事，集為《令甲》以下三百余篇，及司徒鮑公撰嫁娶辞訟決為《法比都目》九百六卷。世有増損，率皆集類為篇，結事為章。一章之中或事過数十，事類雖同，軽重乖異，而通条連句，上下相蒙，雖大体異篇，実相採入。《盗律》有賊傷之例，《賊律》有盗章之文，《興律》有上獄之法，《厩律》有逮捕之事，若此之比錯揉無常」

99)『後漢書・応劭伝』。「撰具《律本章句》，《尚書旧事》，《廷尉板令》，《決事比例》，《司徒都目》。《五曹詔書》及《春秋断獄》凡二百五十篇，蠲去復重，為之節文，又集駁議三十篇，以類相従，凡八十二事」

100) 程樹德『九朝律考』，中華書局，1963年，34, 35頁参照。

101)『疏勒河流域出土漢簡』，文物出版社，1984年，54頁。

102) 陳顧遠『中国法制史概要』，三民書局，1977年，第5版，90頁

103)『旧唐書・刑法志』。「旧律多比附断事，乃稍難解，科条極衆，数至三千，隋日再定，惟留五百，以事類相似者，比附科断」

104)『旧唐書・刑法志』。「先是，詳刑少卿趙仁本撰《法例》三卷，引以断獄，時議亦以為折衷。後高宗覧之，以為煩文不便，因謂侍臣曰：'律令格式，天下通規，非朕庸虚所能創制。并是武德之際，貞観以来，或取定辰衷，参詳衆議，条章備挙，軌躅昭然，臨時遵行，自不能尽。何為更須作例，致使触緒多疑。計此因循，非適今日，速宜改轍，不得更然。'自是，《法例》遂廃不用」

105)『唐律・断獄律』。「諸制敕断罪臨時処分不為永格者，不得引為後比。若輒引致罪有出入者，以故失論」

106)『唐律・職制律』。「諸称律令式不便于事者，皆須申尚書省，議定奏聞，若不申議輒奏改行者，徒二年」

107)『宋史・刑法志』。「諸州鞫訊強盗情理無可憫，刑名無疑慮而輒奏請，許刑部挙駁，重行朝典。不得用例破条」

108)『宋史・刑法志』。「民有闘殺者皆当論死，不応妄作情理可憫奏裁，刑部即引旧例貸之。凡律令勅式或不尽載，有司引例以決。今闘殺当死，自有正条，而刑部承例免死決配，是闘殺条律無所用也」

109)『宋史・刑法志』。「臣僚言有司所守者法，法所不載者，然後用例。今引例破法，非理也。乃令各曹取前後所用例以類編修，与法妨者悉去之。尋下詔追復元豊法制，凡元祐条例悉毀之」

110)『宋史・刑法志』。

111)『明史・刑法志』。

112)『清史稿・刑法志』。「蓋清代定例一如宋時之編敕，有例不用律，律既多成虚文，而例遂愈滋繁砕，其間前後抵触，或律外加重，或因例破律，或一事設一例，或一省一地方専一例，甚且因此例而生彼例，不惟与他部則例参差，即一例分載各門者，亦不無岐異，輾転糾紛，易滋高下」

113)『御制大誥・皁隷殴旗軍』。「蘇州府昆山県皁隷朱升一等不聴本県官李均約束，殴打欽差旗軍，罪在極刑。若旗軍縦有贓私，所司亦当奏聞区処，安可軽視」

114) 楊一凡『明大誥研究』，江蘇人民出版社，1988年，207頁。「山西洪洞県姚小五妻史霊芝系有夫婦人，已生男女三人，被軍人唐閏山于兵部朦朧告取妻室，兵部給与勘合，着落洪洞県，将唐閏山家属起赴鎮江完聚。方起之時，本夫告県不系軍人唐閏山妻室，本県明知非理，不行与民辨明，擒拿姦詐之徒，推称内府勘合不敢擅違。及至一切内府勘合，応速行而故違者，不下数十余道。其史霊芝系人倫綱常之道，乃有司之首務，故違不理。所以有司，尽行処斬」

115)『晋書・刑法志』。「漢自王莽簒位之後，旧章不存，光武中興，留心庶獄，常臨朝聴訟，躬決疑事」

116) 程樹徳『九朝律考』(中華書局，1963年)所収の「漢律考・春秋決獄考」，「魏律考・春秋決獄」等参照。

117)『周礼・大司寇』注。

118)『漢書・刑法志』。「高皇帝七年制詔御吏：獄之疑者，吏或不敢決，有罪者久而不論，無罪者久系不決。自今以来，県道官獄疑者，各讞所属二千石官，二千石官以其罪名当報之。所不能決者，皆移廷尉，廷尉亦当報之。所不能決，謹具為奏，傅所当比律令以聞……孝景中五年復下詔曰：諸獄疑，雖文致于法而于人心不厭者輒讞之」

119)『晋書・刑法志』。「《刑名》所以経略罪法之軽重，正加減之等差，明発衆篇之多義，補其章条之不足……皆随律軽重取法，以例求其名也」

120)『後漢書・馬援伝』。「条奏越律与漢律駁者十余事，与越人声明旧制以約束之，自後駱越奉行馬将軍故事」

121)『通制条格』。「至元十年十二月中書省兵刑部呈：烟亥貪与李望児通姦，私引在外，生到男女，擬合男随父。女随母。都省准擬」

122)『通制条格』。巻4《戸令》(浙江古籍出版社，1986年)参照。

123)『晋書・刑法志』。「諸ов議者皆当引律令経伝，不得直以情言，無所依准，以虧旧典。若開塞随宜，権道制物，此是人君之所得行，非臣子所宜専用」

124)『唐律・断獄律』。「諸制敕断罪臨時処分不為永格者，不得引為後比，若輒引致罪有出入者，以故失論」

125)『晋書・刑法志』所載の熊遠の言葉。

126)『漢書・食貨志』。

127) 楊一凡『明初重典考』，江蘇人民出版社，1988年。

128) 武樹臣等著『中国伝統法律文化』，北京大学出版社，1994年，第9章第3節参照。

129) 同上書，第9章第5節参照。

130) 同上書，第15章第1節参照。

終 章

1) 楊鴻烈『中国法律在東亜諸国之影響』，商務印書館，民国26年，参照。

2) 勒内・達維徳著, 漆竹生訳『当代主要法律体系』, 上海譯文出版社, 1984年。原著は, René Dawid: *Les Grands Systemes De Droit Contemporains*; Dalloz, 1982.
3) 李鐘声『中華法系』自序, 台北華欣文化事業中心, 1985年版。本書338〜339頁はまた以下のように言う。「出土文物によって, 七千年前から始まった新石器時代には, 先人たちが陶器に太極の図案を描き, 数字や符号や陶文を刻んでいたことが明らかである。それはまた, 文献の記録にある, 伏牺氏画八卦, 造書契というのと互いに照応している」,「伏牺氏から神農氏にいたる年代について, 近代の歴史家章嶔の『中華通史』は, 庖牺氏の十七主, 1260年, 神農氏の八主, 520年をあげている。いずれも黄帝より前である。黄帝は紀元前2689年に国を開いたのだから, これよりさらに年代を遡って, 伏牺氏は紀元前約4500年で, 今から6,500年前頃となる。新石器時代の出土陶器には, 太極の図案と陶文があるが, これは今から7,000年から6,900年前のものであり, あまり離れていない」。
4) 楊鴻烈『中国法律在東亜諸国之影響』, 商務印書館, 民国26年, 参照。
5) 李鐘声『中華法系』286頁。
6) 沈宗霊『比較法総論』, 北京大学出版社, 1987年, 145, 261頁。
7) 『不列顛百科全書』第15版第4巻, 191〜192頁「法学総論」の項, 知識出版社, 1981年。
8) 約翰・亨利・梅利曼『大陸法系』, 中国語訳版, 西南政法学院外国法制史教学参考叢書, 165〜166頁。原著は, John Henry Merryman: *The Civil Law Tradition: An Introduction to the Legal Systems of Western Europe and Latin America*; Stanford University Press, Stanford, California, 1969, 1st Edit.
9) 『英国的判例法和制定法』, 『法学譯叢』1985年第1期。
10) R.J.沃克『英国法淵源』, 中国語訳版, 西南政法学院外国法制史教学参考叢書, 72頁。
11) 高柳賢三『英美法源理論』, 中国語訳版, 西南政法学院外国法制史教学参考叢書, 33, 95, 96頁。原著は, 高柳賢三『英米法源理論』(英米法講義第一巻) 第7版, 有斐閣, 1953年。引用箇所はその64, 201頁にあたる。
12) J.A.約洛維奇『普通法和大陸法的発展』, 『法学譯叢』1983年第1期。原著は, Development of Common and Civil Law-the Contrats, by Professor J.A.Jolowicz, *Lloyd's Martime and Commercial Law Quarterly*, Feb 1982, pp. 87-95.
13) 『法系式様論』, 『法学譯叢』1985年第4期。

訳　注

訳注1）　武樹臣主編『中国伝統法律文化辞典』（北京大学出版社，1999年）2頁以下によれば，「法統」とは法実践活動を指導する総体的精神，すなわち法実践活動が実現もしくは維持しようとする価値（観）のことであり，人類の法実践活動はこれを基準にして，①宗教主義型法文化，②倫理主義型法文化，③現実主義型法文化の三類型に分類することができるという。さらに，法統は法思想，法観念，法規範等の形式で表現されるものであり，また，民族の価値観の法実践領域におけるあらわれだともいう。他方，「法体」は法統の外皮にあたるもの，すなわち立法や司法など，法統を実現するための作業過程や方法のことだとされる。なお，「法統」「法体」について，より詳しくは武樹臣講演（小口彦太・斉藤明美訳）「中国の法文化――中国の「法統」と「法体」についての史的考察」（『比較法学』25巻1号）が参考になる。

訳注2）　竹内照夫『新釈漢文大系11・韓非子 上』（明治書院，1998年。初版は1960年）108頁参照。ちなみに，本書中には『韓非子』をはじめ非常に多くの中国古典文献が引用されている。それらの多くはすでに日本国内で邦語訳本が出版されており，本書の翻訳に際しては，可能な限り，これらの邦語訳を参照した。本書中の訳文としてそれらの先行業績（訳文）をそのまま使用させていただいた箇所も多い。煩を避けるため，引用文訳出箇所ごとに参照した邦語訳文献名を逐一注記することは行わないが，これら参照文献についてはその一覧リストを巻末に示して参考に供することとした。ただし，本書における訳文が既存の邦語訳文と大きく異なる箇所については，その旨注記するよう心がけた。なお，全体として，これら引用箇所の訳文は，先行業績をそのまま使用したもの，訳者がこれをもとに文体等に若干の修正を加えたもの，本書の著者による現代中国語訳を訳者が邦語訳したもの，などからなるが，いずれについても，訳文の当否についての最終責任が訳者にあることはいうまでもない。

訳注3）　この箇所の原文は「惟始作乱，延及于平民」で，通説的解釈は「はじめて乱をなして，ひいて民衆に及ぶまで……」と訳する（池田末利『全釈漢文大系11・尚書』，集英社，1976年，504頁参照）。これに対し，著者は通説と全く異なり「乱」を「治」の意とする解釈をとるため，本文のような訳文となっている。この点については，なお第1章注16，訳注12等参照。

訳注4）　以上の『易経・明夷』引用箇所の解釈は通説的解釈とは全く異なる。この点につき，詳しくは鈴木由次郎『全釈漢文大系9・易経 上』（集英社，1974年）531頁以下参照。

訳註5）　遠藤哲夫『管子・下／新釈漢文大系52』（明治書院）1228頁は，著者と異なり，

引用箇所の諸侯を併合した主体を「黄帝」と解している。

訳注6) 『左伝』原文には「斉聖広淵明允篤誠」の八つの徳目が列挙されている。

訳注7) 引用文中「茲予有乱政同位……」以下の解釈は，池田末利著『尚書／全釈漢文大系11』(集英社) の解釈と全く異なる。ちなみに，同著による通釈は以下のとおりである。「ここでわたしに政治の乱れがあって，(これに倣って，下の) 同官の者どもがその貝・玉を (むさぼり) 集めたりすれば，我が先王はそこでなんじらの祖やなんじらの父に告げて，『大刑を我が孫 (の盤庚) に加えよう』と言うであろう。(そうなると) 先王はそこできつく不吉なことを降すであろう」。

訳注8) 商朝の統治した民衆，奴隷のこと。

訳註9) 井上徹『中国の宗族と国家の礼制』(研文出版，2000年) 4頁以下によれば，「宗族」とは主として周代に封建諸侯の傍系親族を統合するために適用されたという親族統制原理で，その特徴は，始祖嫡系の子孫 (宗子) が，共同祖先から分派した族人を祖先祭祀を通じて集合するという点にあるという。

訳注10) 『左伝』昭公六年。

訳注11) 「事」＝判例とするこの解釈は，「事」を単に事案の内容の意と解する鎌田正『新釈漢文大系32・春秋左氏伝 三』による解釈とはかなり異なっている。

訳注12) 引用箇所は，『春秋左氏伝』昭公六年条であるが，著者の解釈は「乱」を「治」と同意と解する点，「叔」を「始まり」の意と解する点で，通説的解釈と全く異なる。ちなみに，引用箇所の鎌田正著『春秋左氏伝 三』(『新釈漢文大系』32巻，明治書院，1998年) による通釈は以下の如くである。「夏の時代に政治が乱れたので禹刑を作り，商の時代に政治が乱れて湯刑を作り，周の時代に政治が乱れて九刑を作りましたが，以上の三つの刑法が作られたのは，いずれも世の中が衰えたからであります。今や，あなたは鄭の宰相として，田地の境界をきびしく定めて弊害が起こり，丘賦の制を定めて非難を受け，三代の末法を用いて刑法を定め鼎にほりつけ，かくして民を治めようとしておりますが，それはなんとむずかしいことではありませんか」。

訳注13) 詩，書，易，春秋，礼記，楽の六経典のこと。

訳注14) 内田智雄『譯注・中国歴代刑法志』(創文社，1964年) 40～41頁によれば，「奇請」とは「通常の法律の条文によらず，裁判官が別に天子に奏請して判決を下すこと」，また「他比」とは「該当する条文のない場合に，他の類似の事例にこじつけて，法文を引用して判決を下すこと」とされる。

訳注15) 内田智雄『譯注・中国歴代刑法志』(創文社，1964年) 125頁は，品式・章程とは官庁における事務処理上の法式や規則などのことかと推測している。

訳注16) 断例とは宋代の法律形式の一つで，例の一種であることにつき，武樹臣主編『中国伝統法律文化辞典』(北京大学出版社，1999年)，182頁参照。

参考文献

(『中国の伝統法文化』日本語訳に際して参照した文献)

吉田賢抗著『論語／新釈漢文大系　1』(明治書院)
藤井専英著『荀子／新釈漢文大系　5-6』(明治書院)
阿部吉雄・山本敏夫著『老子／新釈漢文大系　7』(明治書院)
市川安司・遠藤哲夫著『荘子／新釈漢文大系　7-8』(明治書院)
竹内照夫著『韓非子／新釈漢文大系　11-12』(明治書院)
小林信明著『列子／新釈漢文大系　22』(明治書院)
今井宇三郎著『易経／新釈漢文大系　23-24』(明治書院)
竹内照夫著『礼記／新釈漢文大系　27-29』(明治書院)
鎌田正著『春秋左氏伝／新釈漢文大系　30-33』(明治書院)
竹内照夫著『春秋左氏伝／全釈漢文大系　4-6』(集英社)
星川清孝著『楚辞／新釈漢文大系　34』(明治書院)
吉田賢抗著『史記／新釈漢文大系　38,39,41,85-90』(明治書院)
遠藤哲夫著『管子／新釈漢文大系　42-43,52』(明治書院)
山田琢著『墨子／新釈漢文大系　50-51』(明治書院)
楠山春樹著『淮南子／新釈漢文大系　54-55,62』(明治書院)
大野峻著『国語／新釈漢文大系　66-67』(明治書院)
山田勝美著『論衡／新釈漢文大系　68-69,94』(明治書院)
石川忠久著『詩経／新釈漢文大系　110-112』(明治書院)
平岡武夫著『論語／全釈漢文大系　1』(集英社)
金谷治・佐川修著『荀子／全釈漢文大系　7-8』(集英社)
鈴木由次郎著『易経／全釈漢文大系　9-10』(集英社)
池田末利著『尚書／全釈漢文大系　11』(集英社)
市原亨吉・今井清・鈴木隆一著『礼記／全釈漢文大系　12-14』(集英社)
赤塚忠著『荘子／全釈漢文大系　16-17』(集英社)
渡辺卓・新田大作著『墨子／全釈漢文大系　18-19』(集英社)
小野沢精一著『韓非子／全釈漢文大系　20-21』(集英社)
前野直彬著『山海経；列仙伝／全釈漢文大系　33』(集英社)
原田種成校閲・本田二郎著『周禮通釋』(秀英出版, 1977年)
松崎つね子『睡虎地秦簡』(明徳出版社, 2000年)
小川環樹・今鷹真・福島吉彦訳『史記列伝1-5』(岩波文庫)
内田智雄編『譯注・中国歴代刑法志』(創文社, 1964年)

内田智雄編『譯注・続中国歴代刑法志』（創文社，1970年）
梅原郁編『訳注・中国近世刑法志』上（創文社，2002年）
梅原郁編『訳注・中国近世刑法志』下（創文社，2003年）
小竹武夫訳『漢書1-8』（ちくま学芸文庫）
律令研究会編『唐律疏議譯注篇1-4／譯注日本律令5-8』（東京堂出版）

訳者あとがき

　本書の刊行を目前に控えて，まずは訳者の尊敬する友人でもある著者に対する十年来の約束が曲がりなりにも果たせたという安堵の思いに浸っている。と同時に，訳者の非力のため，出版にこぎつけるまでにこれほど長い年数を要することになったことについて，著者に申し訳ない気持ちでいっぱいである。

　思えば，1989年春に北京大学で初めて知り合い，互いに意気投合して以来，著者武樹臣氏とは実に10年以上に及ぶ付き合いになる。それ以来ずっと，同氏とはたんなる研究者同士としての交流にとどまらぬ家族ぐるみのおつき合いをさせていただいており，互いの来日，訪中のたびに連絡を取り合う間柄でもある。89年の天安門事件に際して，武氏がそのまま暢気に北京大学滞在を続けようとしていた訳者の身を案じて，一刻も早く帰国するよう忠告しに来てくれた日のこと，武氏独特の研究用語等について，北京大学の宿舎で顔を突き合わせて何度も議論を交わした日々のこと，1991年に訳者の妻が北京大学に語学留学した折りに武氏夫妻からひとかたならぬお世話になったこと，などもいまでは遠い日の懐かしい思い出となりつつある。

　反省すべき点をあげつらえば，紙数がいくらあっても足りないくらいの今回の翻訳作業であったが，いまはそれらを並べ立てることはやめよう。今となっては，訳者としては，本書を一つのきっかけとして武樹臣氏の研究業績が日本国内に広く知られ，さらにはそのことを通じて中国における法史学研究の動向に対する関心が高まり，ひいては，日中の法史学研究者間の議論がこれまで以上に実質的にかみ合う方向に進むことに少しでもつながってくれればと願うばかりである。

　一方で，もともと日本中世法史を専門とする訳者としては，中国という対象の魅力にとりつかれて，ずいぶん長い間，畑違いの分野に踏み込んで，迷子になりかかっていたような気もする。「お前の本業は何なのか？」という，恩師や研究者仲間や教え子や同僚や妻などの声が聞こえるような気もする。本書の公刊を区切りに，生半可な中国法史研究はしばらくお預けにし，今後はホーム・グラウンドに立ち戻って，事実上中断していた日本中世法史の研究を本格的に再開し，この分野の仕事をまとめるという次の目標に専念しようと思う。

本書の刊行にいたるまでには，多くの方々の助力，助言をいただいた。
　まず最初に，15年前，ドイツ留学を夢見てその相談に訪れた訳者に対して，いきなり中国留学への軌道変更を強く勧めてくださった恩師石井紫郎先生（東京大学名誉教授）に感謝申し上げたい。当時の訳者にとっては青天の霹靂であったが，あの時先生が中国行きを示唆してくれなかったら，訳者が中国と接点を持つことも，武樹臣氏と出会うこともありえず，本書が刊行されること自体そもそもありえなかった。そう考えると，訳者には実は石井先生こそ本書の生みの親だったと思えてならないのである。
　つぎに，寺田浩明（京都大学教授），石川英昭（鹿児島大学教授）の両氏には専門的見地から本書出版の意義について貴重なアドバイスと温かい激励をいただいた。土壇場になって本書出版について逡巡していた訳者の背中を両氏が後押ししてくれなかったら，どうなっていたかと思うと，お二人には感謝の言葉もない。
　また，山本弘（九州大学助手），何東（九州大学大学院博士課程），および曲陽（華東政法学院講師・九州大学訪問研究員）の三氏が資料調査や校正に際して多大な助力を提供してくれたことに対しても，心から感謝の意を表したい。
　最後に，九州大学出版会の藤木雅幸，永山俊二の両氏には本書出版の実務の面で随分とお手を煩わせた。特に，原稿中の多くの中国語簡体字を正字に置き換える作業は繁雑を極めたことと思う。ご苦労にあらためてお礼申し上げたい。
　なお，本書の刊行に対しては，平成15年度九州大学法学部国際交流基金からの出版助成を得たことを付記するとともに，同基金に対しても心から感謝するものである。

　　2003年4月

　　　　　　　　　　　　　　　　　　　　　　　　　　　　植田信廣

〈訳者紹介〉

植田信廣（うえだ・のぶひろ）

1950年，高知県に生まれる。
1974年，東京大学法学部卒業。東京大学大学院法学政治学研究科修士課程修了。東京大学法学部助手，九州大学法学部助教授を経て，現在，九州大学大学院法学研究院教授（日本法制史専攻）。
（主要著書・論文）
「中世前期の『無縁』について──日本における『自由と保護』の問題によせて」（『国家学会雑誌』96巻3・4号，1983年）
藤原明久・牧英正編『日本法制史』（共著，青林書院，1993年）
「鎌倉幕府の殺害刃傷検断について」（石井紫郎先生還暦記念論文集『罪と罰の法文化史』東京大学出版会，1995年）

中国の伝統法文化

2003年9月20日　初版発行

著　者　武　　樹　臣
訳　者　植　田　信　廣
発行者　福　留　久　大
発行所　（財）九州大学出版会
　　　　〒812-0053 福岡市東区箱崎7-1-146
　　　　　　　　　　　　　　九州大学構内
　　　　電話 092-641-0515（直通）
　　　　振替 01710-6-3677

印刷／城島印刷(有)　製本／篠原製本(株)

©2003 Printed in Japan　　　ISBN4-87378-791-2